세상과 소통하는 힘

주역

세상과 소통하는 힘

주역

심의용 지음

아이세움

일러두기

1. 이 책에 인용된 글들은 기존의 여러 번역서들을 참조하여 필자가 다듬어 옮긴 것
   이다.
2. 주역 원문은 『주역전의대전周易傳義大全』본을 따랐다.
3. 본문에서 원문 인용시, 『주역』의 인용문에는 한자 원문을 병기했고, 『논어』와
   『맹자』 등 그 밖의 인용문에는 한자 원문을 생략했다.

주역, 미래를 보는 책

주역은 점치는 책으로 알려져 있다. 점이란 미래를 예측하는 것이다. 현대에 미래를 예측하는 대표적인 분야는 과학이다. 과학의 입장에서 보면 점을 치는 것은 미신이며 미혹迷惑이다. 그러나 현대 과학의 예측도 어긋나기 일쑤이다. 과학 역시 모든 것을 100퍼센트 확실하게 예측하기는 불가능하다. 다만 확률적으로만 가능할 뿐이다. 과학 시대에도 우리는 여전히 불확실성 속에 살고 있다.

'서당 개 삼 년이면 풍월을 읊는다.'는 말이 있다. 주역을 10년 배웠다. 이쯤 되면 풍월 정도는 읊을 만하지 않겠는가. 그러니 개 짖는 소리일지 모르겠지만 풍월 한번 들어 보시라. 보자, 보자, 어디 보자. 당신의 미래가 선명하게 보인다. 현대 과학이 놀랄 일이겠지만 100퍼센트 확실히 당신의 미래를 예언할 수 있다. 이 글을 읽는 당신은 죽을 것이다. 물론 이 글을 쓰는 나를 포함한 모든 인간도 마찬가지. 미안하지만, 예외는 없다.

누군가 죽었다고 하자. 그러면 의사와 경찰이 가장 먼저 달려올 것이다. 의사는 이 죽음의 과학적 원인을, 경찰은 이 사망 사건의 인과적인 경위를 밝혀 줄 것이다. 만약 죽은 이와 무관한 제3자가 이들의 설명을 듣는다면, 그의 죽음을 충분히 '이해'할 것이다. 그러나 죽은 이의 어머니는 과학적이고 인과적인 설명을 듣고도 소리칠 것이다. "왜 하필 내 아들이 죽어야 하지?"

그렇다. 인간의 죽음에 대한 과학적이고 인과적인 설명은 가능할지 모른다. 그러나 저 어머니의 물음에 대해서는 답을 주지 못한다. 죽음에 대한 사실적이고 객관적인 설명은 가능하지만 그 죽음에 담긴 '의미'는 이해가 불가능하다. 불가해不可解한 일인 것이다. 이는 미래에 어떤 일이 일어날지 알 수 없기 때문에 불가해한 것만은 아니다. 눈앞에 일어나는 일이 무슨 의미인지 해석이 불가능하기 때문에도 불가해하다.

불확실하고 불가해할 때 우리는 불안에 빠진다. 그럴 때 이를 해소하기 위해 더 큰 힘에 의지하려고 한다. 불안 속에서 자신의 무능력과 나약함에 직면할 때, 이럴 수도 저럴 수도 없을 때, 우리는 점을 쳐 미래를 훔쳐보고 싶어한다. 하지만 스스로 결단을 내리지는 못한다. 왜? 이해와 인식이 부족하여 모든 것이 불가해하고 불안하기 때문이다. 주역 계사전에는 이런 말이 나온다.

주역을 지은 사람에게는 우환이 있었을 것이다. 作易者, 其有憂患乎.

  주역은 분명 우환과 관련이 있다. 우환이란 불안이라고도 할 수 있다. 불안이란 불가해한 불확실성에 빠져 있는 상태이다. 그러나 불안을 부정적으로만 볼 필요는 없다. 불안은 경악이나 공포와는 다르다. 경악은 준비가 되어 있지 않은 상태에서 위험에 직면했을 때, 공포는 분명한 두려움의 대상이 있을 때 나타나는 반응이다. 그러나 불안은, 뭔지는 모르지만 두려운 것이 곧 닥치리라는 예감이다. 곧 뭔가 확실치는 않지만 이상한 낌새이다. 불안이 우리의 영혼을 잠식하기도 하지만, 우리는 불안으로 인하여 미래를 대비할 단서를 찾기도 한다.

  그래서 정신분석학에서는 불안의 '신호적 기능'을 중시하며 그것을 "유기체나 유기체의 항상성homeostasis에 닥친 위협을 경고하는 생물학적 적응 과정"으로 본다. 그럴 때 불안은, "자신을 둘러싼 환경 혹은 자기 자신에 대해서 아직 완전히 인식되지 않는 요인들에 대한 반응", 곧 '전조前兆의 감정'이다.

기미幾微란 감정이 움직이는 미세한 전조이다. 미래에 드러날 행복과 불행의 조짐이 먼저 드러나는 것이기도 하다. 幾者, 動之微, 吉之先見者也.

주역이 강조하는 기미는 불안과 비슷한데, '조짐을 드러내는 전조'로 해석할 수 있다. 이러한 기미 혹은 불안을 감지한 이는 미래를 대비하고자 하며, 그를 위해서는 미래에 대한 예측이 필요하다. 그러나 이 '기미'란 신비적인 직관이나 신적인 힘에 의지해 드러나는 것이 아니다. 오히려 우리를 둘러싼 환경과 인간에 대한 지식과 이해로부터 온다. 주역은 바로 역사에 따라 달랐던, 우주와 인간에 대한 이해 방식이 끊임없이 쌓여서 생겨난 문헌이다.

많은 사람들이 주역을 사주팔자, 만세력, 음양오행 등과 관련된 점술서로 알고 있다. 물론 역사적으로 볼 때 주역에 이런 측면이 없지 않았다. 동아시아에서 천문학, 풍수학, 한의학은 주역을 근간으로 사유 체계가 형성되어 왔다고 해도 과언이 아니다. 이들 학문은 현대 과학과는 차이가 있겠지만, 우주와 인간에 대한 이해를 목적으로 하는 유사 과학이라고 볼 수 있다.

우리가 알고 있는 점술은 천문학과 밀접하게 관련되어 있다. 그것은 점성술과 비슷하게 인간의 미래를 예측하고자 한다. 그러나 오늘날의 점술은 미래를 애매하게 점치는 술수術數로만 남아 있다. 불행히도 원래 그런 술수가 나오게 된 배경인 우주론과 세계관 그리고 인간관에 대한 근본적인 이해는 단절되고 망각되어 버린 것이다.

오늘날 주역에서 마땅히 돌아보아야 할 것은 바로 이러한 부분이다. 주역은 무엇보다도 인간학이다. 한마디로 말하자면, 우주와 인간의 '의미'를 캐는 진지한 탐구이다. 원래 점술은 그러한 '의미'를 캐기 위한 하나의 방편일 뿐이었다.

처음 주역을 대했을 때 나는 그 애매모호한 구절들에 매혹되었다. 그 어떤 언어가, 미묘하고 복잡한 인간을 포착할 수 있을 것인가. 오히려 그런 애매모호함이, 살아 꿈틀거리는 인간을 생생하게 상상할 수 있게 해 주었다. 이 상상력 넘치는 경전에는 우주의 운행과 그 속에서 살아가는 인간이 있었다. 부족했던 건 나의 감수성과 상상력이었으며, 그들을 명확하게 표현할 수 있는 언어였다.

따라서 나는 철학적 인간학의 입장에서 주역을 이해하도록 이 책을 구성했다. 중국철학의 특징을 '수기치인修己治人'으로 압축하는데 이의를 제기할 사람은 별로 없을 것이다. 그러나 이것은 중국철학만의 특징이라기보다 모든 철학의 핵심 문제라고 볼 수 있다. 자신을 다스리는 것으로 풀 수 있는 '수기'는, '나는 누구인가' 혹은 '이상적 자아란 무엇인가'라는 자아의 문제와 연결되고, 다른 사람을 다스리는 것으로 풀 수 있는 '치인'은, '타자와 어떻게 관계를 맺을 수 있는가' 하는 사회적 관계의 문제로 해석될 수 있다.

'수기'이건 '치인'이건 모두 다스림[治]과 관계되는 문제이다. 다스림이란 전체 환경과 관련된 정치의 문제이다. 환경에 적응하고 반응하는 것이며, 환경과 인간 사이의 관계 방식을 조절하고 창조하는 것이다. 철학도 환경에 적응하기 위한 수단이며 기술일 수 있다. 그것은 삶의 방식으로서의 철학이다. 거기에는 우리를 둘러싼 환경에 대한 이해와 지식이 전제된다.

또한 이 '수기치인'에서 핵심 개념은 '변화'와 '소통'이다. '수기'란 내적 자아를 수양한다는 뜻으로, '자아의 성숙'을 의미하므로 자기 변화 및 혁신과 연관된다. 이러한 자기 변화와 혁신이 홀로 고립된 자아 속에서가 아니라 타자와의 관계 속에서 형성되기 때문에 '치인', 즉 타자와의 소통이 핵심 문제가 되지 않을 수 없다.

그래서 1장에서는 주역을 바라보는 기본 관점을 제시하고, 2장에서는 주역이 전제하는 세계관을 간략하게 설명하며, 3장과 4장에서는 자기 변화와 관련된 문제를, 5장과 6장과 7장에서는 타인, 곧 사회와의 소통에 관한 문제를 다루었다.

이름 붙여지지 않은 것은 아직 존재하지 않는다고 혹자는 말한다. 그러나 이름 붙일 수 없는 것도 있다. 곽신환 선생님께 감사 드린다. 이 책은 선생님께 배운 것을 그저 내 방식대로 표현한 것일 뿐이다. 항상 신경 써 주시는 김태완 선배님과, 재촉하지 않고 묵묵히 기다려 준 아이세움 편집부에도 감사 드린다. 아무쪼록 이 책이 주역에 대한 관심을 자극하는 데 조금이라도 도움이 되었으면 싶다.

2007. 8.

심의용

차 례

변화와 소통을 위하여

1.

폼생폼사. 운동을 해본 사람이라면 이 말이 단순히 겉멋에 빠진 사람들의 시건방진 말은 아니라는 점을 짐작할 것이다. 어떤 운동이든 한번 '폼form'을 잘못 길들여 놓으면 최고의 역량을 이끌어 내기가 힘들다. 폼, 그것은 몸을 가장 적절하고 유연하게 움직일 수 있도록 최적화시킨 상태이다. 그런데 우리 삶에도 그런 게 있다.

시대의 트렌드랄까, 어떤 코드처럼 시대를 주도하는 삶의 방식이 있다. 일명 모두스 비벤디Modus vivendi, 삶의 양식이라는 것이다. 근대를 지배한 삶의 양식의 키워드는 합리성과 효율성 혹은 유용성이 아닐까. 그렇다면 탈근대 혹은 후근대를 지배하는 삶의 양식은? 아마도 지속 가능한 삶이라고 할 수 있지 않을까.

지속 가능성sustainability은 원래 자연생태학적인 문제의식에서 나왔지만, 이제는 환경뿐 아니라 정치 · 경제 · 사회가 함께 관련되는 사회생태학적 개념이 되었다. 이는 우리의 존재 기반인 지구 환경을 보존하는 동시에 경제 발전을 지속적으로 추구하여 삶의 질을 높일 수 있는 방안에 대해 인류가 고민한 결과이다. 간단히 말해, '현재는 물론 미래에도 지속적으로 인간과 환경 모두에 최선의 이로움을 산출' 하는 것이다.

생태계뿐만 아니라 인간의 몸도 일정한 상태를 유지하고 지속하려 하는데, 이를 항상성homeostasis이라고 한다. 유기체가 항상성을 유지하려면, 끊임없이 외적 상황 정보와 내적 상황 정보를 읽고 그에 따라 스스로를 융통하여 변화해야 한다.

궁하면 변화하게 되고 변화하면 소통하게 되고 소통하면 지속 가능하게 된다. 窮則變, 變則通, 通則久.

주역 계사전에 나오는 말이다. 물론 이는 동일한 것을 완고하게 지속적으로 유지함을 뜻하지 않는다. 그런 고집불통은 자기 이외의 것들을 배제하고 억압하여 결국 전체의 불균형을 초래하기 때문에 지속성을 기대하기 어렵다.

주역에서도 이 지속 가능성, 즉 '항구성'을 강조한다. 항구성이란 변화와 소통을 통한 지속성을 의미한다. 변화는 편견과 아집에 머물지 않고 끊임없이 자신을 성숙시켜 확대하는 것이고, 소통은 타인들과 교류하며 서로 간에 권리와 의무, 이해와 신뢰를 주고받는 것이다. 이러한 변화와 소통을 위해서는 전체적인 상황에 대한 이해와 지식이 필요하다. 이를 '수시변통隨時變通'이라고 한다. 전체적인 상황에 맞게 변통해야 한다는 뜻이다. 주역의 서른두 번째 괘인 항恒괘는 항구성을 상징하는 괘이다.

> 사계절이 변화하여 항구성을 이루고, 성인이 그의 도를 지속 가능하게 만들기 때문에 천하의 교화를 완성한다. 四時變化而能久成, 聖人久於其道而天下化成.

근대는 개발과 성장 위주의 발전으로, 지구 환경의 무분별한 파괴, 빈부 격차의 심화, 세대와 계층 간의 불화를 가속시켰다. 하지만 지속 가능성이 결여된 성장과 발전은 파탄을 불러들일 수밖에 없다. 지속하려면 변화하고 소통해야 한다. 이는 인간의 성숙과 변화에 관한 인문학적 문제이고, 모든 영역에서 원활한 소통을 이루어야 하는 사회 정치적 문제이다. 더불어 그것은 세계관과 인간관이라는 이론적인 문제일 뿐만 아니라, 삶의 방식을 혁신하는 실천적인 문제이기도 하다.

2.

『장자』는 철학적 지혜와 상상력의 보고이다. 그런 만큼 가장 처음에 나오는 우화는 상징적이다. 다양한 해석이 가능한 첫 우화에는 대조적인 두 마리 새가 등장한다. 한 마리는 거대하고 다른 한 마리는 왜소하다.

첫 번째 새는 대붕大鵬이라는 상상 속의 새이다. 대붕은 날갯짓 한 번으로 구만 리 장천長天을 날아간다. 『장자』에는 대붕이 분노에 가득 차서 날아갔다고 묘사되어 있다. 두 번째 새는 참새. 참새는 구만 리는커녕 작은 숲조차 벗어나지 못한다. 참새들은 쩍쩍, 대붕을 비웃고 쑥덕거리면서 좁은 숲을 날아다닌다. 대붕은 분노하고 참새는 조소한다.

높은 자긍심은 저질의 행위에, 고결한 이상은 세속적 실리에 분노하기 쉽다. 깨끗함은 더러움에 분노를 느낀다. 추잡한 것들. 저질의 행위는 높은 자긍심을 위선적이라고 냉소하고, 세속적 실리는 고결한 이상을 공허하다고 조소하기 쉽다. 더러움은 깨끗함을 조롱한다. 까탈스럽기는. 대붕의 분노와 참새의 냉소 모두 위태롭다.

고결한 이상만을 고집하는 분노는 무책임한 현실 부정일 수 있다. 여기에는 현실과 소통하려는 유연성이 결여되어 있다. 현실로부터 높이 날아오르는 비상을 냉소하는 조롱은 눈앞의 현실로의 안주일 수 있다. 여기에는 현실을 전체적으로 조감할 수 있는 능력도, 현실의 모순과 문제를 변화시키고 혁신하려는 이상도 결여되어 있다. 이 둘은 모두 현실을 제대로 보지 못한다.

대붕의 분노는 비극적이고 참새의 냉소는 희극적이다. 비극에는 가련한 비관이 가득하고 희극에는 근거 없는 낙관만 가득하다. 주역은 비관도 낙관도 아닌 달관을 이야기한다. 달관이란 현실의 일에서 벗어나 사소한 것에 얽매이지 않는 초탈이 아니다. 무관심한 현실 회피도, 무책임한 현실 부정도 아니다. 현실을 회피하지도, 착각하지도 않으면서 '직시' 함을 의미한다.

달관이란 '달리達理' 이다. 달리란 현실에 대한 합리적인 이치〔理〕에 통달〔達〕한 것이다. 달관은 달리이면서 '순리順理' 이기도 하다. 순리 또한 소극적인 순응주의나 현실 추수주의가 아니다. 합리적인 이치에 통달했으니 그 이치에 따라 행동할 수밖에 없는 것이 순리이다. 주역의 계사전은 이렇게 표현한다.

세상의 이치를 궁구하고 자신의 본성을 다하여 운명에 이른다. 窮理盡性以至於命.

이치를 궁구한다는 것은 현실의 흐름과 변화의 원리를 파악하는 일이다. 현실을 외면하거나 착각하지 않고 변화하는 세상의 이치를 알아야 한다. 세상을 모르고 함부로 날뛸 수는 없다. 세상은 내 뜻대로 되지 않고 현실의 논리에 따라 냉혹하게 흘러갈 뿐이다. 그 이치를 헤아리지 못하고 휩쓸린다면 난파 당하고 말 것이다.

그러나 그렇다고 해서 현실의 변화만을 좇으라는 말은 아니다. 오히려 자기 내면의 본성에 충실하는 것이 또한 필요하다. 자신의

욕구와 이상을 버리고 세상의 흐름을 따르기만 하는 것은 순리가
아니라 굴종이며 자기기만이다. 순리란 스스로에 대한 정직성을 유
지하면서 합당하게 대처하는 것이다. 합당함이란 자신에게 해가 될
지라도 그것이 정당하다면 받아들일 줄 아는 것이다. 이해관계에
무관심한 것이 아니라 정당한 이해관계에 관심을 두는 것이다.

　자신을 변화시켜 현실과 효과적으로 소통해서 최선의 이로움을 창
　출한다. 變而通之以盡利.

　변화의 이치를 이해하고 자기의 본성을 파악할 때 자신의 운명이
드러난다. 세상의 변화는 냉엄하여 피할 수 없지만, 상황의 흐름과
이치를 파악하고 자신의 본성에 따라 대처할 때, 운명에 이끌려 다
니지 않고 자신의 합당한 운명을 스스로 만들어 낼 수 있다.
　이는 위에서 말한 지속 가능성의 개념과도 일치한다. '현재는 물
론 불확실한 미래에도 지속적으로 사람과 환경 모두에 최선의 성과
를 산출하는 것'은 바로 변통을 통하여 최선의 이로움을 창출하는
것과 같다.
　변통의 철학은 현실에 대한 거부나 현실로부터의 고립을 권하지
않는다. 현실을 벗어난 구원도 바라지 않는다. 현실 속의 변화와 소
통이 구원이다. 이 현실이 아닌 다른 곳 속에 우리의 삶은 없다.

3.

　17세기 프랑스 작가 라로슈푸코는 인간의 심리를 매우 냉소적으로 폭로하기로 유명하다.

　너무 마음이 좋아서 조악한 사람이 되지는 마라. 그런 사람은 결코 화낼 줄 모른다. 이는 타성에서 오는 것이 아니라 무능력에서 오는 것이다. 적당한 때에 감응하는 것은 바로 자신을 드러내는 것이다. 새들도 허수아비를 조롱할 줄 안다.

　마음이 좋다는 것은 순수하고 착하다는 말이기도 하지만, 달리 표현하면 바보라는 말이다. 세상 물정 모르는 순수함이란 어리석음이기 쉽다. "세상에서 일컫는 우정은 일종의 사교에 불과하다. 이해관계의 타협이며 일거리의 교환에 불과하다. 요컨대 자존심을 앞세우며 서로 이익을 챙기려 하는 거래에 지나지 않는다."고 우정에 대해 시니컬한 언사를 서슴지 않았던 라로슈푸코도 친구 사이의 신뢰를 강조한다.

　친구에게 배신 당하는 것보다 친구를 믿지 않는 것이 더 부끄러운 일이다.

친구라면 어떤 경우라도, 특히 친구에게 가장 어려운 상황이 닥쳤을지라도 믿음을 버리지 않는 것이 도리이다. 사람들과의 소통을 위한 근본도 다르지 않다. 인간에 대한 근본적인 믿음이 전제되어야 한다. 그러나 맹목적 믿음은 경계할 일이다. 유연성 없는 맹목의 믿음은 타인에 대한 폭력이 될 수 있다. 공자는 이 점을 간파했다.

마음 좋게 행동하려고만 할 줄 알고 배우려고 하지 않으면 어리석은 바보가 되는 폐단이 생긴다. 믿음만을 좋아하면서 배우려고 하지 않으면 남을 해치게 되는 폐단이 생긴다.

—『논어』양화

공자는 현실과의 소통과 자기 변화를 위해서 '배움'을 강조했다. 라로슈푸코가 말했듯이, 화낼 줄 모르는, "너무 마음이 좋아서 조악한 사람"이 되어서는 안 된다. 그것은 무능력일 수 있다. 주역은 그런 무능력한 순진함을 경계한다. 또한 맹목의 믿음은 독선과 맹신이 되어 타인에 대한 폭력으로 변할 수 있다.

무능력한 순진함이나 맹목의 믿음이 되지 않으려면, 현실과의 끊임없는 소통과 자기 변화를 소홀히해서는 안 된다. 세상의 폭력과 불행은 악의보다는 오해와 착각으로부터 발생하는 경우가 많다. 오해와 착각은 서로 소통하지 못하는 데서 발생한다. 앙탈 부리는 어린아이나 확신에 찬 고집불통 노인이 악의에 찬 사람보다 더 무서운 건 그 때문이 아닐까.

앙탈 부리는 어린아이나 고집불통 노인은 미성숙한 상태에 머물러 있다. 성숙한 인간은 어느 한쪽이 막힌 채 다른 쪽 극단으로 치닫기보다, 유연한 변통으로 지속 가능한 삶을 추구하는 법이다.『호밀밭의 파수꾼』에서 한 선생이 콜필드에게 들려 주는 다음과 같은 충고는 이러한 성숙의 본질을 단적으로 보여 준다.

미성숙한 인간의 특징은 어떤 이유를 위해 고귀하게 죽기를 바라는 경향이 있다는 것이다. 반면 성숙한 인간의 특징은 동일한 상황에서 묵묵히 살아가기를 원한다는 것이다.

지속 가능성

　1987년 UN환경개발위원회인 브룬트란트 위원회는, "지속 가능한 발전이란 인류 사회의 지속적 발전을 위한 개념으로, 미래 세대가 자신들의 필요를 충족시킬 수 있는 능력을 저해하지 않으면서 현재 세대의 필요를 충족시키는 발전"으로 정의하였다. 지속 가능한 발전을 위해 국제 간의 협력을 체계화한 리우 선언(1992)과 그 실행 계획인 의제 21은 1) 환경 자원의 독점적 사용 불가와 형평성 있는 이용, 2) 생태계의 수용 능력을 고려한 경제 성장과 개발 전략, 3) 정부에 의해 통제되는 개발 전략 등을 제시하였다. 이는 환경 자원의 보호 및 소비와 생산, 개선을 위한 관리, 그를 위한 정책까지 모두 포괄하는 개념이다.

　지속 가능성은 21세기의 화두이다. 세계경제포럼은 원래 유럽의 경제인들이 우의를 다지기 위해 만든 비영리 재단이었다. 하지만 점차 정계政界와 관계官界의 유력 인사들이 함께 참여하여 경제 · 정치 · 사회 문제에 대해 폭넓게 토론을 벌임으로써 세계적인 영향력을 가진 국제회의의 성격이 강해졌다. 이 회의는 다보스 포럼으로 더 잘 알려져 있다. 돈 많은 재벌들의 모임이지만, 이들의 생존 전략은 이제 단순히 경제 논리만을 따르지는 않는다.

　세계경제포럼은 매년 환경지속성지수ESI, Environmental Sustainability Index를 발표한다. 환경지속성지수는 현재의 환경 · 사회 · 경제 조건을 바탕으로, 각국의 지속 가능한 성장 역량을 비교하는 국제 평가 지수를 말한다.

　다우존스 지속가능성지수Dow Jones Sustainability Index는 다우존

스와 스위스의 자산 관리 회사인 샘SAM, Sustainable Asset Management이 1999년부터 공동으로 선정해 발표하는 '사회적 책임 투자SRI, Social Responsibility Investment' 지수이다. 매년 전 세계 대형 상장 기업 2500여 개를 대상으로 기업 성과를 조사하여 59개 산업 부문에서 320여 개 기업을 선정한다. 이 지수는 기업의 재무적 성과와 함께 사회적·윤리적·환경적 가치까지 평가하여, 해당 기업이 얼마나 '지속 가능한 성장'을 할 수 있는지를 보여 주는 것이 특징이다.

이제 경제·경영의 영역에서 이윤 창출은 기업만의 문제가 아니라 그 기업이 속한 사회와 환경 속에서 추구되어야 하는 문제로 여겨지고 있다. 그래서 사회적 책임감과 함께 환경친화적 사고가 강조된다. 여기서 가장 핵심적인 개념은 '지속 가능성'이다.

또한 이제 경제 영역만이 아니라 정치·사회 등 각 영역에까지 지속 가능성의 개념이 확산되고 있다. 지속 가능성에 대해서 어떻게 규정하는가는 학자마다 다르지만, 지속 가능성이 앞으로 사회 조직을 구성하고 발전시키는 데 가장 핵심적인 사항이 될 것이라는 데에 이견은 없는 듯하다. 이 지속 가능성의 문제는 미래 세계에서 가장 중요한 화두 가운데 하나가 될 것이다.

라로슈푸코(1613~1680)

라로슈푸코는 순진한 성격이었으나, 배신과 음모가 판치는 정치적 소용돌이 속에서 사람들에게 상처를 많이 받았기에, 인간에 대한 냉소적인 태도를 가지게 되었는지도 모른다.

17세기 프랑스의 고전 작가이다. 당시 살롱에서 유행하던 문학 양식에 따라 발표한 작품이 『잠언과 성찰』(1665)이다. 우리나라에는 『인간 본성에 대한 풍자 511』로 번역되어 있다. 그에 대한 전기로는 『라로슈푸코의 인간을 위한 변명』이 소개되어 있다. 라로슈푸코는 간결하고 명확한 문체로 인간 심리의 미묘한 심층을 역설적이고 냉소적으로 파헤쳤다.

다정다감한 성격이지만 정치 음모에 자주 휘말려 들었다고 한다. 루이 13세의 왕비가 계획한, 리슐리외를 반대하는 음모에 가담했다가 투옥되는가 하면, 프롱드의 반란에서는 반란군의 지휘를 맡아 싸우다가 1649년 파리 성城 밖의 전투에서 목에 중상을 입는 등 파란 많은 반생을 보냈다. 1659년 가까스로 오랜 세월에 걸친 근신에서 풀리고 연금을 받게 되자, 정치적 야심을 버리고 파리의 이름 있는 살롱에 출입하며 사색과 저술로 후반생을 보냈다.

그의 냉소적인 독설을 하나 소개해 본다.

"철학자들이 부귀를 경멸하는 것은, 운명이 그들에게서 빼앗아 간 부귀를 경멸함으로써 운명의 부당함에 복수하겠다는 감추어진 욕망의 발로였다. 또한 가난의 초라함을 변명하는 비결이었으며, 그들이 부귀로써 얻지 못한 존경을 세상에서 구하기 위한 책략이었다."

1. 주역이란 무엇인가

주역의
기원과 구성

서양 문화에서 최고의 경전이라 하면 『성경』을 꼽을 수 있을 것이다. 그렇다면 동아시아에서 경전 중의 경전을 꼽으라면? 주역이라고 단언할 수 있다. 주역은 기원전 3000년까지 거슬러 올라갈 수 있는 오래된 문헌이며, 역사적으로 끊임없이 주석이 이루어진 방대한 문헌이기도 하다. 대부분의 사람들은 주역을 점치는 책으로 알고 있다. 물론 점을 치는 것이 원래의 목적이었다.

주역이란 문헌은 어떻게 구성되어 있을까? 기본적으로 주역은 64개의 괘卦로 이루어져 있다. 괘란 음陰을 상징하는 기호(--)와 양陽을 상징하는 기호(—)가 혼합되어 이루어진 것이다. 하나의 괘는 음양을 상징하는 6개의 효爻로 이루어진다. 음양이란 중국철학에서 가장 핵심적인 개념이다. 원래는 언덕의 음지와 양지를 뜻했는데 이후로 점차 상징적인 의미를 갖게 된다.

음과 양이 괘를 이루는 데 기본적인 요소가 되는 것은, 우주와 인간사의 모든 일들과 변화가 음양이 섞이고 운동하면서 이루어진다고 생각했기 때문이다. 64괘는 음과 양이 여섯 자리에 섞일 수 있는 모든 경우의 수이며, 우주와 인간사의 변화를 상징하는 형식이기도 하다.

64개의 괘를 이루는 기본적인 괘가 여덟 개 있다. 전설상의 인물인 복희씨伏羲氏가 하늘을 관찰하고 땅의 원리를 살펴서 만물의 이치를 깨달아 8괘를 만들었다고 전해진다. 이를 도표로 그려 보면 다음과 같다.

괘명	건乾 ☰	태兌 ☱	이離 ☲	진震 ☳	손巽 ☴	감坎 ☵	간艮 ☶	곤坤 ☷
자연	하늘	연못	불	우레	바람	물(비)	산	땅
인간	아버지	소녀	차녀	장남	맏딸	차남	소년	어머니
성질	굳셈	즐거움	화려함	움직임	우유부단	빠져듦	고요함	유순함
신체	머리	입	눈	발	다리	귀	손	배
방위	서북쪽	서쪽	남쪽	동쪽	동남쪽	북쪽	동북쪽	서남쪽

이 8괘를 위아래로 나란히 놓으면 음양이 여섯 개 만들어진다. 그래서 64개의 괘가 이루어진다. 각 괘에는 그 이름인 괘명卦名이 있다. 괘명에는 인간의 감정 상태, 구체적인 행위 혹은 상황을 상징하는 것 들이 포함된다. 그리고 괘의 전체 의미를 설명하는 괘사卦

辭가 있다. 괘를 이루는 여섯 개의 효爻에도 그 의미를 설명하는 효사爻辭가 달려 있다. 이 괘사와 효사는 각 괘와 효를 풀이한 글이라고 생각하면 이해하기 쉬울 것이다.

예를 들어 보자. 주역의 첫 번째 괘는 건乾괘이다. 8괘 가운데 건(乾, ☰)이 위아래로 겹쳐서 이루어진 모습(䷀)이다. 괘의 이름은 건이고, "크게 형통할 것이니 곧아야 이롭다.(元亨利貞.)"는 괘사가 붙어 있다. 6개의 효에도 각각 효사가 붙어 있는데, 첫 번째 효에는 "잠긴 용이니 사용하지 말라.(潛龍勿用)."는 효사가 달려 있다.

원래 초기 주역은 이와 같이 괘, 괘사, 효사로 이루어져 있었다. 이는 대체로 기원전 800년경, 즉 주나라 때 이루어졌다고 본다. 이것을 경經이라고 한다. 이후 몇백 년에 걸쳐서 이 경에 대한 주석들이 켜켜이 쌓인다. 그것을 전傳이라고 한다. 이 전에는 단전彖傳 상하, 상전象傳 상하, 문언전文言傳, 계사전繫辭傳 상하, 설괘전說卦傳, 서괘전序卦傳, 잡괘전雜卦傳이 있다. 총 10개로, 10개의 날개라는 의미로 십익十翼이라고도 불린다. 모두가 주역을 이해하는 데 도움을 주는 책이라는 뜻이다.

단전은 각 괘에 대한 판단들을 설명하고, 상전은 각 괘와 효의 상징을 해석하며, 계사전은 주역 전체에 대해 철학적으로 설명한다. 이는 주역을 이해하는 데 가장 중요한 문헌이다. 건괘와 곤괘에 대한 풀이인 문언전은 인간의 본성과 행위를 상징적으로 설명하고, 설괘전은 8괘의 상징에 대해, 서괘전은 64괘의 순서에 대해 설명한다. 그리고 잡괘전은 괘에 대한 잡다한 설명이다. 이것이 오늘날 우리가 알고 있는 주역이라는 경전의 모습이다.

전설에 따르면, 복희씨가 8괘를 만들고, 문왕이 괘사를 썼으며, 주공이 각각의 효사를 만들었다고 한다. 그리고 십익은 공자가 편찬했다고 한다. 그러나 이런 설명은, 중국의 전통을 고대의 위대한 성인들에게 갖다 붙여 신비감을 만들어 내는 전형적인 방법일 뿐, 신뢰할 만한 것은 아니다.

변화의
의미

　　주역周易이란 주나라의 역이라는 뜻이다. 물론 중국의 고대에 주역만 있었던 것은 아니다. 『연산역』, 『귀장역』이라는 것도 있었지만 모두 전해지지 않고 주역만이 남아 있을 뿐이다. 변화를 뜻하는 '역'이라는 말의 유래에 대해서도 여러 가지 주장이 있다. 역은 척蜴이라는 말에서 나왔다고도 한다. 척이란 도마뱀을 뜻하고 도마뱀은 자신의 몸 색깔을 자유자재로 변화시키기 때문이다. 혹은 일日과 월月을 합한 글자라고도 한다. 해와 달은 쉽게 접할 수 있는 자연현상일 뿐만 아니라 끝없이 변화하기 때문이다.

　　역이라는 말에는 세 가지 뜻이 있다고 한다. 첫 번째는 '변화한다'는 의미이다. 계사전에는 다음과 같이 표현되어 있다.

　　하늘에서 각종 현상이 성립하고 땅에서 각종 형태들이 성립하니 변화가 드러난다. 在天成象, 在地成形, 變化見矣.

하늘에서의 현상이란 구름, 비, 천둥, 별자리 등 각종 천문 현상을 생각하면 될 것이고, 땅에서의 각종 형태들이란 산과 연못, 나무와 풀, 새와 짐승 들을 연상하면 좋을 것이다. 변화란 우주에서 일어나는 모든 자연현상을 총괄적으로 표현한다.

강함과 부드러움이 서로 다투니 변화가 생겨난다. 剛柔相推而生變化.

여기서 말하는 강함과 부드러움은 음양과 마찬가지로 우주의 근본적인 두 힘을 말한다. 바로 변화의 근저에서는 대립하는 두 힘이 다투고 있으며, 그 다툼으로부터 현상들의 변화가 생성된다고 생각했다.

역의 두 번째 의미는 '단순함'이다. 자연의 변화는 복잡하다. 이런 복잡한 자연현상을 주역은 음양으로 상징화하고 있다. 8괘에서 64괘로 이루어진 상징들은 모든 가능한 상황과 축소된 우주를 상징한다. 이것은 단순함에서 복잡계에 이르는 변화 과정을 잘 드러내준다. 음과 양은 단순함을 나타내고, 그것을 통하여 복잡한 현상과 운동이 생겨난다.

이는 주역에서 '이간易簡'이라는 말로 표현된다. 역易이라는 한자는 '쉽다'는 의미를 가질 때 '이'라고 읽는다. 간簡이라는 한자도 간명하고 간단하다는 의미를 가진다. 그러므로 '이간'은 쉽고 간단하다는 의미이다.

역의 세 번째 의미는 '변화하지 않음'이다. 우주는 끊임없는 흐름과 변화 속에 있지만 일정한 질서와 패턴이 있다고 본다. 우주의 모든 사물은 일정한 질서를 따르고 변화한다. 총괄해서 말한다면, 단순함으로부터 복잡한 현상으로 변화해 나가며, 일정한 질서와 패턴에 따라 운동한다는 사고이다. 우주의 모든 사물은 복잡하게 연결되어 있지만 단순함으로부터 시작하여 일정한 원리를 따라 운동한다.

그렇다면 이 주역이라는 책에는 어떤 내용이 들어 있을까. 계사전에 기록된 바로는 네 가지 사용법이 있다고 한다.

『역』에는 성인의 도가 네 가지 들어 있다. 『역』을 가지고 말하려는 자는 그 풀이를 숭상하고, 행동하려는 자는 그 변화를 숭상하고, 문명의 제도를 만들려는 자는 그 상징을 숭상하고, 미래를 점치려는 자는 그 점을 숭상한다. 易有聖人之道四焉, 以言者尙其辭, 以動者尙其變, 以制器者尙其象, 以卜筮者尙其占.

『역』을 가지고 말하려는 자는 그 풀이를 숭상한다는 말에서 풀이는 바로 괘사와 효사를 말한다. 사辭란 괘와 효의 상징을 풀이한 말들이다. 이 경우는 학문적인 입장에서 주역에 접근하는 것이다. 행동하려는 자는 그 변화를 숭상한다는 말은 실천적인 입장으로, 인간이 구체적인 상황에서 선택하고 행동할 때 어떻게 할 것인가를 묻는다는 말이다. 그리고 마지막 쓰임이 미래를 예측하는 점치는 일이다. 이것이 계사전에서 분류한 주역의 쓰임새이다.

이 모든 경우에서 실제적인 내용은 우주의 변화와 인간의 행위이다. 그리고 역사적으로 두 가지 형태로 발전한다. 하나는 자연철학적인 영역으로서 우주론적 체계를 구성하는 상수역학象數易學이고, 다른 하나는 인간의 행위와 의미를 중시하는 의리역학義理易學이다. 주역에서 중요한 두 가지 문제는 '우주 운행의 변화'와 '인간과 역사의 변화'였다.

상수역학과 의리역학

　주역의 중요한 문제는 '우주 운행의 변화'와 '인간과 역사의 변화'라는 두 가지였다. 우주 운행의 변화에 대한 관심은 우주론적 체계를 구성하는 쪽으로 기울어졌고, 인간과 역사의 변화에 대한 관심은 인간의 행위와 역사를 만들어 내는 인간의 능력과 역사적 정의에 대한 문제로 기울어졌다.

　전자의 관점이 극단적으로 발달한 것이 바로 한대漢代의 상수역학이다. 한대의 상수역학에서는 괘상의 배열과 음양오행, 간지干支 등을 결합하여 자연의 변화를 이해하는 방법을 고안했고, 이러한 방식을 통하여 자연의 변화와 이상 현상〔災異〕이 나타내는 조짐들을 점치고 예측했다. 그러나 한대의 상수역학이 이룬 우주론적 체계와 이해 방식이 매우 지리하고 복잡한 체계를 이루면서 삶의 역사 속에서 의미와 기능을 상실했다.

　의리역학은 이러한 번잡한 술수들을 부정하며, 역사와 사회 속에서 주역의 상징 자체가 가지고 있는 의미를 깨달아야 한다는 점을 강조한다. 그래서 우주론적 체계나 미래를 예측할 수 있는 술수, 혹은 재난이나 자연의 이상 현상을 통해 인간의 삶을 예측하는 방식을 구하지 않았다. 대표적인 인물은 한대의 상수역학을 부정했던 왕필이다.

　이런 상수역학과 의리역학의 대립은 송대宋代에 다른 버전으로 반복된다. 현대의 관점에서 보면 상수역학은 지극히 미신적인 측면을 가지고 있지만, 그 당시 상수역학은 우주적 질서를 수數로 접근하여 전체의 질서를 수량화하고 체계화할 수 있다고 보았다. 대표적인 인물은 소강절이다.

송대의 의리역학은 구체적인 현실 속에서 인간에게, 특히 지식인들에게 자신이 처한 상황에 대처할 수 있는 실천적 지침을 내려 줄 수 있는 의미와 원리가 담겨 있는 문헌으로 보았다. 이것은 정이천에게서 꽃을 피운다.

정이천의 이러한 의리학적 해석에 대해 구체적인 역사적 인물을 거론하면서 예증하는 이가 바로 성재 양만리이다. 양만리는 구체적인 역사적 인물의 예를 들면서 각각의 괘효에 나타난 삶의 도리를 설명한다. 양만리는 주역을 인간사의 변화와 인간의 마음의 변화를 읽는 책으로 보고, 인간사의 득실과 사회 흥망의 변화 그리고 인간 마음의 변화를 밝히는 것을 목적으로 한다.

점술과
철학

　　주역은 원래 점치는 책이었다. 최초의 주역은 하늘을 관찰하고 제사와 점치는 일을 관장하는 고대의 무당이나 사관들이 편찬했을 것이다. 이러한 기록들이, 역사가 변화하고 사상이 발전함에 따라 그 의미가 증폭되고 재해석되는 과정을 겪는다.

　점을 친다는 건 일차적으로 확실하지 않은 미래를 예측하는 것이다. 현대 과학의 중요한 기능 가운데 하나도 미래 예측이다. 하지만 과학에서는 점을 미신에 속한다고 생각한다. 그러나 서양의 과학도 지금은 미신으로 생각하는 점성술과 연금술에서 발전했다는 점을 염두에 둘 필요가 있다. 점을 치는 주역도 천문학과 밀접하게 연관되었다.

　천문학은 자연과학의 한 분야로서 우주를 연구하는 학문이다. 천문학astronomy과 서양의 점성술astrology은 밀접하게 연관된 분야였다. 점성술은 천체 현상을 관찰하여 인간의 운명이나 세계의 추이를 점치는 방법이었다. 인류 역사의 처음부터 점성술은 천문학과 함께 시작되어 수학 등과 더불어 자연과학을 탄생시킨, 세상에서 가장 오래된 학문이라고 할 수 있다.

중국에도 이와 비슷한 학문 발전의 흐름이 있다. 고대 중국에는 점치는 방법으로 복서卜筮가 있었다. 복卜은 흔히 점복占卜이라는 말로 쓰여서, 거북의 배 또는 등껍질 그리고 소의 견갑골 등으로 점치는 것을 의미한다. 거북의 배 껍질에 구멍을 내어 불로 구우면 갈라지는데, 무당들은 그 갈라지는 모양을 하늘의 뜻이 드러나는 조짐으로 보고서 미래의 길흉을 점쳤다. 복이라는 글자도 불로 구웠을 때 갈라지는 모양을 형상화한 것이다. 점복이란 하늘의 뜻을 읽는 수단이었다.

서筮란 서죽筮竹, 곧 점치는 대나무를 말한다. 대나무나 다른 재료로 만들어진 막대기를 일정한 방법으로 늘어놓아 숫자를 계산하여 점을 치는 것이다. 이 막대기를 산算이나 주籌라고도 한다. '주책籌策 없다'는 말은 여기서 나왔다. 주책은 산算가지로 계산하는 것이다. 그러니까 주책 없다는 말은 계산하지 못한다는 뜻이다.

이 대나무 산가지는 50개인데, 이것들을 산술적 조작으로 계산해서 점을 친다. 주역의 계사전에도 이 산가지를 세는 방법이 남아 있는 것으로 보아, 이것으로 괘를 뽑아 점을 친 건 분명하다. 이것이 한漢대에 이르러 점차 정교해지면서 우주론적 체계로 발전한다. 음양오행설이나 간지설干支說과 결합하여 더욱 복잡하게 체계화된 것이다. 이것이 상수역학이다.

상수역학은 천문학 및 풍수지리학적 사고와도 연결된다. 달력 체계, 즉 역법曆法은 천문학과 관련된 내용이다. 천문학은 하늘에 나타나는 여러 현상들을 인간의 삶과 관련지어 해석하는 방법이고, 역법은 하늘과 거기서 운행하는 해·달·별 등의 천체를 관찰하여 수數로 표현하는 방법이다. 방위와 관련되는 개념과, 땅의 지형에 관한 관찰은 풍수지리학과 관련된 내용이다. 풍수지리학이란 땅의 구조와 형태 들을 설명하고 그것이 인간의 삶과 어떤 관계가 있는지를 설명하는 방법이다.

천문학의 달력은 시간을, 풍수지리학의 방위는 공간을 체계화한 것이다. 이러한 시간과 공간은 주역의 중요한 사유 대상이다. 따라서 주역은 우주의 질서를 체계화·도식화·수량화하여 미래를 예측하는 학문이라고 할 수 있다.

노자 『도덕경』에는 다음과 같은 말이 있다.

"수를 잘 세는 사람은 주책을 사용하지 않는다."

자연의 변화를 파악하고 의미를 이해하는 일은 주책을 사용하여 얻어질 수 있는 것이 아니다. 왕필은 이런 도가적 사유로써 주역을 해석하여 상수역학을 부정한다. 왕필이 새로 발전시킨 역학을 의리역학이라고 한다. 의리역학은 주역에 담긴 상징과 말을, 인간 사회와 역사적 맥락과 관련하여 풀이한다. 주역에서 깨달아야 할 것은 사회와 역사적 맥락 속에서 나타나는 삶의 의미들이었다. 왕필은, "삶의 의미를 파악했다면 괘가 나타내는 상징은 잊어버려라."고 했다.

의리역학은 주역을, 역사적 시간과 공간에 위치한 인간이 변화의 흐름 속에서 어떻게 행동해야 할 것인가를 드러내 주는 문헌으로 이해했다. 구체적인 현실 속에서 자신이 처한 상황에 대처할 수 있는 실천적 지침을 내려 줄 수 있는 의미와 원리로 해석했다.

이렇게 주역은 처음에는 점술로부터 시작했지만, 점차 우주와 인간에 대한 사유를 담은 철학으로 발전해 나간다. 또한 상수역학과 의리역학은 대립했다기보다 밀접한 관련을 가지면서 발전해 나갔다. 그러나 주역의 관심사는 추상적인 형이상학이 아니다. 주역은 내세가 아닌 현세, 즉 현실의 삶을 이성적이고 합리적으로 경영하는 데 관심을 둔 실천철학이다.

왕필(王弼, 226~249)

○○○
어려서부터 천재라고 불린 왕필은 위진시대 현학의 대표자이지만, 아쉽게도 요절하고 말았다.

자는 보사輔嗣로 삼국시대 위나라 사람이다. 산동성 출신이다. 어려서부터 지혜로웠으며 열서너 살에 이미 노자를 좋아하여 천재로 통했다. 풍부한 재능을 타고난데다 유복한 학문적 환경에서 자라 일찍부터 학계에서 두각을 나타냈다. 성품이 온화하고 언변이 뛰어나며, 예법을 돌보지 않고 연회를 즐겼다고 한다.

하지만 높은 벼슬에는 오르지 못했다. 조조의 보호를 받다가 위의 공주와 결혼했던 하안何晏에 의해 학식을 인정받아 젊은 나이에 상서랑에 등용되었고, 하안과 함께 위진 시대 현학玄學의 시조로 일컬어진다. 한나라 때 성행했던 상수나 참위설 등을 물리치고 의리의 입장에서 철학적인 학파를 만들었다. 『노자주』나 『주역주』는 육조시대와 수, 당 시대에 성행하였으며 현존한다.

그는 상수역학의 번잡스러운 술수들을 모두 버리고, 주역에 나타난 "괘들은 하나의 상황이고, 효란 그 상황에 적합한 행위 방식의 변통이다.(夫卦者, 時也, 爻者, 適時之變也.)"라고 보았다. 그래서 주역에 나타난 상징들에 함축되어 있는 "의미를 얻었다면 그 상징들에 집착하지 말고 잊어버려라.(得意忘象.)"고 주장했다.

감정의
기호학

주역은 현대에 어떤 의미를 가진 문헌으로 이용될 수 있을까. 주역이라는 경전은 음양이 섞여서 이루어진 괘 모양의 상징과 이에 대한 풀이인 괘사와 효사로 이루어졌다고 했다. 경전 자체의 내용에는 그 어떤 점술의 술수도 없고, 우주의 신비한 원리에 대한 설명도 없다.

문제는 그 상징과 풀이 들을 어떻게 해석하느냐이고, 그것이 현대에 어떤 의미를 가지는가이다. 의리역학자들은 주로 이 상징과 풀이를 해석하여 그 속에 드러난 우주와 인간의 의미를 드러내려고 했다. 과연 상징과 풀이는 어떻게 해석되고 이해될 수 있을까? 다음은 계사전에 나오는 말이다.

문자는 살아 있는 언어를 완전히 표현할 수 없고, 언어는 마음속의 뜻을 완전히 표현할 수 없다. 그렇다면 성인의 뜻은 알 수 없는가? 그래서 성인은 상징을 만들어서 그 뜻을 완전하게 표현하려고 했고, 괘를 만들어서 진실과 거짓을 완전하게 드러내고자 했다. 書不盡言, 言不盡意. 然則聖人之意其不可見乎? 子曰, 聖人立象以盡意, 設卦以盡情僞.

여기에는 묘한 연결점이 드러난다. 성인의 뜻〔意〕에서 언어〔言〕 그리고 문자〔書〕. 마음속에 어떤 뜻 혹은 의미가 있다. 그것을 언어, 즉 말이나 문자로 전달하려는 것이 인간이다.

그러나 언어나 문자로는 그 뜻이 완벽하게 전달되지 않는다. 문자와 언어에는 한계가 있다. 그래서 주역은 성인의 뜻을 전달하기 위하여 상징이라는 보조 수단을 썼다. 상징을 만들어서 의미를 표현하려고 했다.

64괘는 함축적인 의미를 갖는 상싱들이며, 해석과 이해를 기다리는 기호들인 셈이다. 이러한 상징의 체계인 괘들은 무엇을 드러내고자 했을까? "괘를 만들어서 진실과 거짓을 완전하게 드러내고자" 했다. 여기서 진실이라는 말로 번역되는 한자는 정情이다. 오늘날 우리는 이것을 주로 '감정'으로 이해한다. 그러나 다른 뜻도 있다. 외부 세계의 상황을 표현하는 '실정實情'이나 '정황情況'이라는 의미도 가지고 있다.

괘들은 외부 세계의 상황과 우리 자신의 감정 상태를 모두 나타낸다. 또한 외부 상황과 감정 상태는 완벽하게 분리된 것이 아니다. 인간의 감정은 외부 상황에 의해 영향을 받으며 동시에 영향을 미치기도 한다.

따라서 우리의 내적 상태와 외적 상황은 서로 전혀 관계가 없는 것이 아니다. 이와 비슷한 표현이 또 있다.

8패는 상징으로 말하고, 효사와 단사는 정情으로 말한다. 八卦以象告, 爻彖以情言.

패와 효는 의미를 함축하고 있는 상황이다. 동일한 상황일지라도 그 상황에 대해서 다르게 이해하면 다른 감정이 드러날 수가 있다. 감정이란 이 상황 가운데 하나의 요소일 수 있다. 인간의 감정은 구체적인 상황에서 드러나는 현상이기도 하다. 내면의 감정은 단지 내적인 요소에 의해서만 일어나는 것이 아니라 외부의 요소와 접촉하고 관계하면서 일어난다. 이 외부의 실정과 내면의 감정이 겹쳐지는 세계를 다루는 것이 주역이다.

철학적으로 표현하면, 사실의 세계와 의미의 세계가 겹쳐지는 부분을 다루는 것이다. 여기에서 인간의 길함과 흉함〔吉凶〕, 얻음과 잃음〔得失〕을 판단한다. 길흉을 판단하는 것은, 그 상황과 관련된 미래를 암시하는 것이기도 하다.

성인은 패를 만들어서 그 상을 관찰하고 풀이를 붙여서 길흉을 밝혔다. 聖人設卦, 觀象, 繫辭焉而明吉凶.

각 괘는 어떤 상황과 의미를 함축하고 있는 상징이며, 각각의 괘와 효에는 괘사와 효사가 붙어 있는데, '사辭'란 그 괘와 효에 대한 풀이이며 판단이다. 즉 괘효사는 괘와 효가 상징하는 어떤 상황에 대한 설명과, 그 속에서 일어날 수 있는 바람직한 방향과 바람직하지 못한 방향에 대해서 판단하는 내용을 담고 있다. 때문에 각각의 괘들에는 어떤 상황에 대한 묘사와 판단 그리고 그 상황에 적합하고 마땅한 마음과 행위에 대한 충고의 말과 암시가 들어 있는 것이다.

예를 들어 보자. 건괘의 첫 번째 효는 "잠긴 용이니 쓰지 말라." 이다. 여기서 잠긴 용이란 첫 번째 효의 상황을 상징하는 것이고, 쓰지 말라는 말은 그러한 상황에서 길함을 이룰 수 있는 방향을 권고하는 것이다. 이것이 주역 괘효사의 전형적인 형식이다.

이렇듯 괘와 효는 인간이 처한 상황과 인간이 만들어 내는 감정들의 변화를 드러내고 그것에 대한 이해 방식을 설명한다. 그것이 역사적으로 축적되어, 우주와 인간의 의미에 대한 다양하면서도 깊이 있는 이해를 함축하게 된다.

그런데 과연 괘와 효의 구조가, 점술가들이 믿고 있듯이 우주 전체를 상징하고, 주역이 우주와 인간의 운명이 기록된 책이라고 믿을 수 있을까. 이런 믿음은 시대착오적이다. 차라리 현대 과학에서 설명하는 우주 이론을 공부하는 것이 좋다. 주역을 신비화할 필요는 없다는 말이다.

물론 그렇다고 주역이 시대착오적이라고 생각할 필요는 없다. 그 문헌에는 우주와 인간의 의미에 대해서 이해했던 흔적들이 남아 있다. 그것을 어떻게 현대적인 의미로 이해할 것인가를 비판적인 태도로 연구하여, 과학의 시대에도 보지 못한, 우주와 인간의 의미에 대한 통찰을 창조해 내야 한다.

'의역동원醫易同源'이라는 말이 있다. 의학과 역학은 근원이 동일하다는 의미이다. 의학은 환자의 병을 진단하고 그에 대해 적절한 치료법을 처방한다.

그와 마찬가지로 주역도 한 개인과 그가 처한 상황을 진단하고 그에 적절하고 합당한 치료법, 즉 대처법을 제시한다. 한의학에서 모든 병과 치료의 근원을 마음으로 보고 있듯이, 주역에서도 모든 인간사의 문제와 대처의 근원을 마음으로 본다.

현대 철학의 한 분파는 철학을 치료의 한 형식으로 본다. 대표적으로 비트겐슈타인은, "철학자는 병을 다루는 것처럼 문제를 다룬다."고 하여, 마음의 혼란으로부터 벗어나도록 적절하게 언어적으로 치료하는 것이 철학의 중요한 역할이라고 본다.

이러한 측면에서 주역을 독해한다면, 그 속에서 다양한 상황에 처한 인간의 감정과 심리적인 변화와 갈등을 읽을 수 있다. 이를 통해 현실을 알고 우리 자신을 비추어 보아, 스스로 결단하고 실천하면서 세상과 소통하는 힘을 얻을 수 있다.

결국 주역은 외부의 상황과 인간의 감정이 함축된 '감정의 기호학'이며 '감정의 교육서'라고 할 수 있다. 그래서 옛사람들은 주역을 마음을 닦는 경전, '세심경洗心經'이라고 했다.

루드비히 비트겐슈타인(1889~1951)

●●●
비트겐슈타인은 서양 전통 철학의 기초를
뒤집었다고 평가된다. 그래서인지 그는
동양의 불교와 노자, 장자와 비교 연구되
기도 한다.

오스트리아 철강 재벌인 비트겐
슈타인 집안의 루드비히 비트겐슈
타인은 20세기가 낳은 가장 창조적
인 철학자이다. 공학을 전공했지만
프레게freges의 영향을 받아 철학을
전공하게 된다. 버트란트 러셀의 제
자이기도 하다.

1차 세계대전에 자원 입대하고
초등학교 선생, 수도원 정원사 등
철학자로서 독특한 생애를 보낸다.
40살에 영국 케임브리지에 돌아와
박사 학위를 취득하고 42살에 강사
생활을 하여 경제적인 어려움을 해
결한다. 재벌의 아들이지만 유산 대부분을 누이에게 주거나 기부를
했으니 범상한 인물은 아닌 듯하다.

51살에 케임브리지 대학교의 교수가 되었다. 칼 포퍼와의 논쟁은
철학사에서 유명하다. 63세에 암으로 죽었다. 평생 결혼은 하지 않
지만 두 명의 여성과 사귀었다고 한다. '게임이론' '언어유희' '가족
유사성' 등은 지금도 분석철학에서 활발하게 논의되는 주제이다.

현대 영미 계통의 분석철학에서는 많은 철학적 문제들이 거짓된
물음pseudo question이라고 주장한다. 비트겐슈타인은 많은 철학적
문제들에 대한 대답은 오히려 그 문제 자체의 소멸에 있다고 본다.

혼란스러운 철학적 문제는 언어를 제대로 이해하지 못했기 때문이라는 것이다. 비트겐슈타인은 이를 이렇게 설명한다.

"철학적 저작 속에서 발견되는 명제들과 질문들의 대부분은 거짓이 아니라 무의미하다. 따라서 우리는 이러한 물음들에 대해서 답변할 수가 없다. 오직 우리는 그것이 무의미하다는 것만을 지적할 수 있다. 철학자들의 대부분의 명제와 질문은, 우리 언어의 논리를 이해하는 데 실패하는 곳에서 발생한다."(『논리철학논고』)

비트겐슈타인은 이런 철학의 무의미한 질문에 빠지는 것을, '병 속에 빠져 출구를 찾지 못하는 파리'에 비유하기도 했다. 또한 그는 철학의 '이론화'를 혐오했다. 그것은 철학자들이 빠진 질병이므로, 새로운 철학자들은 마치 의사처럼 언어에 의해 발생한 질병을 치료해야 한다고 보았다. 그래서 그의 철학을 '치유적 철학therapeutic philosophy'이라고 부른다. 대표적인 저작은 『논리철학논고』와 『철학적 탐구』이다. 그리고 대표적인 말은 다음과 같다.

"어쨌든 말할 수 있는 것은 명료하게 설명할 수 있다. 그리고 말할 수 없는 것은 침묵해야만 한다."

변화로 들어가는
문

『성경』은 창세기로 시작하여 요한묵시록으로 끝이 난다. 창세기에서는 하느님의 천지창조, 아담과 이브의 타락과 더불어 인간의 역사가 시작되고, 요한묵시록에서는 세상의 종말, 최후의 심판과 함께 구원과 완성이 묘사된다. 이런 이야기의 흐름은, 시작이 있고 끝이 있는 직선적인 시간관을 전형적으로 드러내 준다. 창조에서 종말로, 타락에서 구원으로. 주역은 좀 다르다. 주역에는 64개의 괘들이 있다고 했다. 그 괘들의 처음은 무엇이고 마지막은 무엇일까.

건곤은 역으로 들어가는 문인가. 乾坤, 其易之門邪.

건곤이란 주역의 첫 번째와 두 번째 괘인 건乾괘와 곤坤괘를 말한다. 건괘와 곤괘는 음양을 상징한다. 우주의 변화를 일으키는 근본적인 두 힘이다. 또한 건은 능동적인 창조성을, 곤은 수동적인 실천성을 상징하기도 한다. 이 두 힘의 창조와 실천을 통하여 모든 것들이 생명을 갖는다. 건곤은 분리될 수 없는 근본적인 힘이다. 주역은 건괘와 곤괘로부터 시작한다. 그런 의미에서 건곤은 '주역'이라는 책으로 들어가는 문이기도 하다. 그렇다면 주역의 마지막은?

마지막 64번째 괘가 미제未濟괘이고 63번째 괘는 기제既濟괘이다. 한자 그대로 풀이한다면 기제라는 말은 '이미 강을 건넜다' 혹은 '이미 다스려졌다'는 의미이다. 이는 완성을 뜻한다. 그러나 주역에는 최종적인 끝과 완성은 없다. "끝이 곧 새로운 시작이다.(終則有始.)"

마지막 64번째 괘는 미제괘이다. '아직 강을 건너지 못했다' 혹은 '아직 다스리지 못했다'는 의미이다. 기제가 곧 미제인 것이다. 완성이라고 생각하는 순간 그것은 이미 미완성이다. 끝이라고 생각하는 순간 다시 시작해야 한다. 다시 처음의 건곤으로 돌아가 새로운 창조와 실천으로 혁신해야 한다. 주역에는 완성과 종말이 없다. 끊임없이 생성하고 다시 생성하는 역동적인 과정만이 있을 뿐이다.

생성하고 다시 생성하는 것, 그것을 일컬어 변화라고 한다. 生生之謂易.

이는 직선적이지 않은, 순환적인 시간관을 보여 준다. 건곤은 끊임없는 생성과 변화를 가능케 하는 근본적인 힘이다. 그런 의미에서 '변화'로 들어가게 하는 문이기도 하며, 변화를 가능케 하는 힘이기도 하다. 건곤은 '주역'이라는 책으로 들어가는 문이면서 동시에 '변화'로 들어가는 문이기도 하다.

그렇다면 변화로 들어가는 문인 건곤은 어디에 있는가. '대도무문大道無門'이라는 말이 있다. "위대한 도로 들어가는 문은 없다."는 말이다. 영원히 위대한 도를 경험할 수 있는 길은 없다는 것일까. 절대부정은 절대긍정과도 통하는 법. 어디에도 없다는 말은 어디에나 있다는 말과 동일하다. 위대한 도로 들어가는 문은 이 세상 어디에나 있다는 말이다. 마찬가지로, 변화를 일으키는 문인 건곤은 이세상 어느 곳이든, 언제든 존재한다. 그곳이 어디든, 지금 여기now and here가 바로 변화로 들어가는 문일 수 있다.

주역은 건괘와 곤괘로부터 시작한다. 건곤괘는 인간의 구체적인 상황을 표현한다기보다 순수한 음양을 상징하는 괘이다. 건은 양을 상징하고 곤은 음을 상징한다. 건괘는 모두 양으로 이루어진 괘(☰)이고, 곤괘는 모두 음으로 이루어진 괘(☷)이다. 현실에는 건만 있을 수도, 곤만 있을 수도 없다. 항시 음과 양이 섞여서 현실을 구성하기 때문이다. 그래서 건과 곤은 상호 대립하면서도 의존한다. 건과 곤은 다양한 요소를 상징한다.

건	곤
하늘〔天〕	땅〔地〕
아버지〔父〕	어머니〔母〕
활동성〔陽〕	감수성〔陰〕
창조성	수용성
강건함	유순함
능동적인 결단	수동적인 순종
지속적인 강건함	유연한 적응력
드높은 이상	현실감각
완전한 앎	폭넓은 실천력
위대함〔大〕	광대함〔廣〕
수직적 높이	수평적 넓이
공평무사	광대무변

이렇게 건과 곤은 어떤 실체를 의미한다기보다 상호 보완적인 개념이며 다양한 기능들의 상징이다. 이는 건곤에 해당하는 어떤 고정된 실체를 가정하지 않는다는 말이다. 계사전은 이렇게 말한다.

신묘한 작용은 어떤 장소에서든 일어나고, 변화에는 고정된 실체가 없다. 神無方而易無體

독수리와
뱀

음양은 우주론적인 의미로도, 인간의 행위 및 정신 작용의 의미로도 이해할 수 있다. 우주宇宙라는 한자는 시간과 공간을 의미한다. 우주를 나타내는 말로 또한 천지天地가 있다. 천지란 하늘과 땅으로서 음양을 의미하기도 한다. 그리고 인간 역시 음양으로 이루어졌기 때문에 천지라고 할 수 있다. 천지는 대우주이며 인간은 소우주이다. 모두 하늘과 땅으로 이루어졌다. 그런 점에서 하늘과 땅을 상징하는 건곤은 인간의 정신 구조와 심리 현상의 상징으로도 이해할 수 있다.

니체의 차라투스트라에게는 사랑하는 동물이 있었다. 그는 커다란 원을 그리며 창공을 나는 독수리에게 뱀 한 마리가 매달려 있는 것을 본다. 이 뱀은 독수리의 먹이가 아니라 벗으로 독수리의 목에 감겨 있었다. 하늘을 나는 독수리와 땅을 기는 뱀. 하나로 합쳐진

기괴한 동물이다. 이를 보고 차라투스트라는 말한다. "나의 짐승들." 그는 진심으로 그 짐승들을 사랑했다.

저 태양 아래에서 가장 긍지 높은 짐승이자 저 태양 아래에서 가장 영리한 짐승

차라투스트라가 사랑한 독수리와 뱀은 하늘을 상징하는 건과 땅을 상징하는 곤을 잘 설명해 준다.

이다. ……사람들과 더불어 있는 것이 짐승들과 더불어 있는 것보다 더 위험한 일임을 나는 깨달았다. 그런데도 나 차라투스트라는 위험한 길을 가고 있는 것이다. 나의 짐승들이여, 나를 인도하라!

— 니체,『차라투스트라는 이렇게 말했다』

뱀이 엉킨 채 창공을 나는 독수리는 차라투스트라를 인도해 준다. 짐승보다 더 위험한 인간들과 살아가는 길을 인도해 준다. 그런데 왜 뱀과 독수리가 합쳐져 있는 걸까.

나는 더욱더 영리해지고 싶다. 나의 뱀처럼 철저히 영리하고 싶다. 그러나 불가능한 것을 나는 바라고 있다. 그러므로 불가능을 바라는 나의 긍지가 항시 영리하게 실천되기를 나는 바란다.

— 니체,『차라투스트라는 이렇게 말했다』

차라투스트라도 어리석음으로 인해 많은 화를 당했는지도 모른다. 차라투스트라는 뱀처럼 영리해지기를 간절히 바란다. 뱀은 땅(현실)을 가장 잘 아는 동물이다. 그러나 뱀처럼 교활하되, 긍지 높은 이상을 버리고 싶지는 않다. 그것이 하늘을 나는 독수리이다. 독수리와 뱀이 뒤엉킨 이러한 형상은, 하늘을 상징하는 건과 땅을 상징하는 곤을 너무도 잘 설명해 준다. 하늘과 땅, 이상과 현실, 그것이 주역을 이해하는 열쇠이며 입구이다.

하늘과 땅이 자리를 잡으니 변화가 그 가운데에서 이루어진다. 天地設位, 而易行乎其中矣.

위로 하늘이, 아래로 땅이 있다. 자연현상과 만물의 변화는 그 사이에서 이루어진다. 비가 오고 눈이 오고 바람이 불고 구름이 몰려온다. 온갖 만물은 끊임없이 생겨나고 사라진다. 인간 역시, 하늘과 같은 이상과 땅과 같은 현실 사이에서 끊임없이 갈등하며 울고 웃고 행동하며 변화하는 것이 아닐까.

이카로스와
과보

계사전에는 다음과 같은 말이 있다.

주역을 통하여 성인은 인간의 덕을 숭상하고 공적을 넓게 세운다. 앎은 드높이 숭고하지만 그것의 실천은 지극히 낮고 겸손하다. 숭고한 앎의 높이는 하늘을 본받아야 하고, 겸손한 실천의 낮음은 땅을 본받아야 한다. 夫易, 聖人所以崇德而廣業也. 知崇禮卑, 崇效天, 卑法地.

여기에는 묘한 대비가 있다. 숭고한 높이를 가진 하늘과 같은 앎, 겸손한 넓이를 가진 땅과 같은 실천. 숭고한 이상과 현실적 실천. 이 하늘과 땅 사이에서 변화가 일어난다. 순수한 이상만을 좇는다면 오만이 되기 쉽고, 현실에만 집착한다면 교활한 이기심으로 변질되게 마련이다. 순수한 이상은 현실적인 지혜를 필요로 한다. 이

들은 독수리와 뱀처럼 굳건하게 결합되어 있다.

●●●
다이달로스는 아들 이카로스에게 깃털 날개를 주며 말한다. '너무 낮게 날지 말아라. 그러면 바다의 안개가 네 눈을 가릴 것이고 습기가 날개를 무겁게 할 것이다. 너무 높게도 날지 말아라. 뜨거운 태양이 네 날개의 밀랍을 녹일 것이다. 중간의 높이로 적절하게 날아야 한다.'

그리스 신화에서 이카로스는 뛰어난 장인인 아버지 다이달로스와 함께 미궁에 갇힌다. 다이달로스는 밀랍으로 날개를 만들어 달고 아들과 함께 미궁을 빠져나온다. 하지만 태양을 향해 날아오르고 싶은 욕망에 이카로스는 아버지의 충고를 무시한 채 너무 높이 날아올라, 밀랍 날개가 다 녹아 버려서 바닷물에 빠져 죽는다. 이는 이상에 대한 욕심 때문에 현실을 외면하는 오만의 위험성을 말해 준다.

중국 신화에도 비슷한 이야기가 있다. 태양과 함께 달리기 시합을 했다는 어리석은 과보夸父 이야기이다. 과보는 거인족이었다. 거인족이란 아마도 이상이 매우 높은 사람들을 상징할 것이다. 과보는 자신의 능력을 헤아려 보지도 않은 채 태양을 쫓겠다는 욕심만으로 달리기를 시작했다가 목이 말라 죽는다. 실패한 원인은? 현실을 무시한 어리석음이다.

하늘을 향하는 이상에는 뱀과 같은 현실감각이 필요하다. 건괘에서는 건을 '지속적인 강건함(自彊不息)'으로, 곤괘에서는 곤을 '모든 것을 수용할 수 있는 두터움(厚德載物)'으로 묘사한다. 건은, 역동적 생명력과 창조력을 가능케 하는 강직하고 정직한 이상이다. 곤은, 그 이상을 현실에서 실현할 수 있는 폭넓은 포용력을 지닌 실천력이며 구체적인 현실감각이다. 이 두 가지가 조화를 이룰 때 다양한 변화와 소통이 가능해진다.

문제는 땅에 처박히지도 않고 하늘로 너무 높이 올라가지도 않는 균형 감각이다. 하늘과 땅 사이에서의 고공비행이다. 이 균형 감각을 주역에서는 '시중時中'이라고 부른다. '상황에 가장 적절하고 합당한 행위' 혹은 '시의 적절한 행위'라고 풀 수 있다.

이상이 과하면 오만하게 되어 현실을 무시하기 쉽고, 현실적 이익만을 과하게 추구하면 인색하게 되어 이상을 버리기 쉽다. 현실적 안목이 부족하면 이상은 실현될 수 없고, 이상이 부족하면 좁은 안목에 집착하게 된다. 강인한 결단력과 용기가 부족하면 우유부단하게 되고, 지나치게 강인하면 조급하게 된다. 그러니 너무 늦지도 빠르지도 않고, 너무 과하지도 부족하지도 않게 시의 적절한 행위는 어려운 것이다. 주역은 균형 감각을 잃지 않고 고공비행을 하려는 변통의 철학이다.

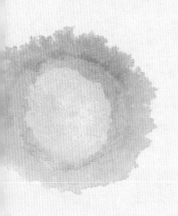

2. 모든 것은 변화한다

모든 것은
변화한다

『삼국지』는 이렇게 시작한다. "예로부터 이르기를, 천하대세란 나누어진 지 오래면 반드시 합쳐지고, 합쳐진 지 오래면 또 반드시 나누어지는 법이라." 중국 역사가 그러하다. 거대 제국 주周나라가 이루어졌다가 혼란기인 전국시대가 오고, 진秦나라로 통일되었다가 멸망한 뒤 혼란기 속에서 초楚나라와 한漢나라가 다투고, 한나라로 통일되었다가 다시 흩어지니, 『삼국지』는 바로 이즈음의 이야기이다.

중국의 역사만 그러한 것이 아니다. 인간의 삶에서 일어나는 흥망성쇠, 실패와 승리도 그러하며, 가득 차고 비워지는 자연의 모든 현상들도 그러하다. 달이 차면 기울고 해는 뜨면 진다. 봄이 가면 겨울이 오고 낮이 가면 밤이 온다. 이렇게 끊임없는 변화의 과정을 강조하는 것이 주역의 세계관이다. 주역에서는 이를 '물극필반物極

必反'이라는 말로 설명하는데, "사물이 그 극단에 이르면 반드시 다른 방향으로 전환된다."는 의미이다.

어떤 것이든 두 가지의 대립적인 부분이 상호 영향을 미치며 변화하다가 한쪽 세력이 극단에 이르면 다른 쪽 세력이 반대로 다시 힘을 얻는 방향으로 전환하여 새로운 상황이 전개된다는 말이다. 이는 동일한 것이 똑같이 반복한다는 말이 아니라, 끊임없이 새로운 것이 혁신되면서 역동적이고 다양하게 변화한다는 말이다.

또한 하나의 시작이 있고 그 끝이 있는 종말론적·직선적 세계관이 아니다. 이와 달리 주역에서는 '종즉유시終則有始'를 강조한다. "종말이 곧 새로운 시작의 출발점"이라는 의미이다. 시작과 끝이라는 개념은 인간이 만든 인위적인 것인지도 모른다. 무한한 시공간인 우주에서 시작과 끝을 설정한다는 건 불가능하다.

주역의 세계관은 시작과 종말로 이루어지지 않는다. 주역은 건괘와 곤괘로부터 시작해서 기제괘와 미제괘로 끝난다. 미제괘는 미완성이며 불완전함을 상징하므로 다시 최초의 건곤으로 돌아가 새로운 생성의 과정을 시작해야 한다. 그런 점에서 끊임없는 생성의 과정만이 표현된다. 이를 일러 주역에서는 "생성하고 다시 새롭게 생성하는 것을 변화라 일컫는다.(生生之謂易.)"라고 했다.

사실 주역周易이라는 말도 주나라의 역易을 의미하고 역은 바로 변화이다. 그러니 주역 자체가 변화의 경전일 수밖에 없다. 고대 그리스의 철학자 헤라클레이토스도 판타레이Panta rhei라고 하여, "모든 만물은 유전遺傳한다."고 주장했다. 유전한다는 말은 흐르고 변화한다는 의미이다. 헤라클레이토스는, 변화하지 않는 어떤 본질을 전제하고, 변화무쌍하고 끊임없이 흐르는 세계를 본질적인 것이 아니라고 부정한 게 아니라 변화의 흐름 자체를 긍정했다. 또한 이 변화하는 세계는 스스로 변화 발전할 뿐만 아니라 상호 전환할 수 있는 가능성이 항시 잠재되어 있다는 통찰이기도 하다. 오직 모든 것이 변화한다는 사실만이 불변할 뿐이다.

새옹지마塞翁之馬라는 말을 들어 보았을 것이다. 우리가 일반적으로 행복이라고 생각하는 순간에 불행의 씨앗이 숨겨져 있는지도 모르고, 우리가 일반적으로 불행이라고 생각하는 순간에 행복의 씨앗이 감추어져 있는지도 모른다. 그러니 행복하다고 해서 크게 좋아할 일이 못 된다. 그 행복의 이면 다른 곳에 불행이 있기 때문이다. 그리고 불행하다고 해서 크게 절망할 필요도 없다. 그 불행의 이면 다른 곳에 행복이 감추어져 있기 때문이다. 문제는 인간이 이러한 감추어진 것을 보지 못한다는 점이다. 그래서 주역은 이러한 전환과 변화의 가능성과 흐름을 파악하면서 때를 기다리고 기회를 포착하는 능력을 강조한다.

주역에서 "사물이 그 극단에 이르면 반드시 다른 방향으로 전환된다."는 점을 대표적으로 드러내 주는 괘가 태泰괘와 비否괘이다. 태괘란 태평성대를 의미하고, 비괘란 그 반대로 꽉 막혀 소통되지 않는 불통의 상황을 상징한다.

헤라클레이토스(BC 535 ~ BC 475)

••••
라파엘로의 〈아테네 학당〉. 앞쪽 중앙에 왼손으로 턱을 괴고 앉아 있는 이가 헤라클레이토스.

고대 그리스의 철학자인 헤라클레이토스는 에페소스 출신의 왕족으로 왕위 계승자였지만 모든 상속권을 포기하고 자유롭게 학문을 연구했다. 오만하지만 고매한 성격을 가지고 있었다고 전해진다. 그는 세속적인 사람들을, '고상한 것을 모르고 풀이나 먹는 당나귀'라고 조소했다. 또한 당시의 에페소스 시민들은 물론, 호메로스나 피타고라스 등 시인이나 철학자들까지도 통렬하게 비판했다.

"만물은 유전한다."는 말은, 대립되는 것의 다툼이 있고, 만물은 이와 같은 다툼에서 생겨난다는 의미이다. 그래서 그는, '싸움은 만물의 아버지요, 만물의 왕'이라고 설명한다. 그러나 그러한 우주의 다툼 속에도 어떤 조화가 있다고 주장한다. 그것을 그는 세계를 지배하는 로고스logos라고 했다. 그리고 로고스를 불로 은유했다.

그는 자신의 사상을 주로 잠언식 문체로 기술하였다. 하지만 세상 사람들은 그의 사상이 너무 어려웠기 때문에 그를 스코티노스scoti-nos, 즉 어두운 사람이라고 불렀다. 그는 "그대들은 잠자는 사람처럼 행동하고 말해서는 안 된다. 늘 깨어 있어야 한다."고 항상 얘기했다고 한다.

교태전의
의미

경복궁 가장 깊은 곳에는 교태전交泰殿이 있다. 강녕전康寧殿은 왕의 침전, 즉 왕이 잠을 자거나 생활하는 사적인 공간이고, 교태전은 왕비의 침전이다. 왕은 왕비에게로 가서 함께 자기도 한다. 강녕전과 교태전의 공통점은? 용마루가 없다는 점이다. 용을 상징하는 왕이 생활하는 곳인데 용이 두 마리일 수는 없지 않은가. 그래서 용마루가 없다. 근데 왜 왕비의 처소가 교태전일까. 왕비가 그곳에서 교태嬌態를 잘 부렸기 때문인가? 천만에. 교태는 그 교태가 아니라 주역과 관계가 깊은 말이다.

주역의 열한 번째 괘가 바로 태泰괘이다. 열 번째 괘는 이履괘이다. 이괘는 사회적인 실천과 타인에 대한 배려를 상징한다. 예禮에 관한 괘이다. 각자의 위치에서 자신의 의무와 책임을 다하며 배려와 예의를 갖춘다면 이 사회는 얼마나 평화로울 것인가. 그래서 이괘 다음 괘가 태괘이다. 태괘는 태평성대를 상징한다. 그렇다면 태괘는 어떻게 교태전과 관계를 갖는가?

태괘는 지천태地天泰라고 읽기도 한다. 위로 땅을 상징하는 곤(坤, ☷)괘와, 아래로 하늘을 상징하는 건(乾, ☰)괘가 합쳐서 이루어진 괘(☷☰)이기 때문이다. 땅을 상징하는 곤괘는 음을 상징하고, 하늘을 상징하는 건괘는 양을 상징한다. 땅이 위에 있고 하늘이 아래에 있으니 뭔가 잘못된 것처럼 보인다. 근데 왜 소통과 평화를 상징하는가? 음의 성질(대표적인 것이 물)은 아래로 향하고 양의 성질(대표적인 것이 불)은 위로 향한다. 음이 위에 있고 양이 아래에 있으니 음은 내려가고 양은 올라간다. 만나서 교류[交]하게 된다. 교류한다는 건 소통한다는 것이고 조화를 이룬다는 말이다.

●●●
강녕전에서 양의문을 지나면 교태전이다. 교태전 뒤에 후원인 아미산이 있다. 아미산의 굴뚝은 여러 문양의 형태와 구성이 매우 아름답다.

ⓒ 반두환

강녕전 뒤에는 양의문兩儀門이 있는데, 이 문을 통과해야 교태전으로 들어갈 수 있다. 여기서 말하는 양의란 바로 음양陰陽을 말한다. 그리고 교태전의 '교태'는 곧 음양의 소통과 조화를 의미하여 남녀의 교합交合을 뜻한다. 따라서 교태전은 왕비의 정전으로서 음양의 조화를 이루어 생산이 순조롭기를 기원하는 뜻이 숨어 있다고 볼 수 있다. 그리고 태괘는 음양이 소통하고 조화를 이루어 태평성대를 이룬다는 의미이다. 태괘는 소통과 조화의 의미를 가지고 있다. 태평성대의 시절이다.

태괘는 다음 괘인 비否괘와 주역에서 가장 중요한 짝을 이룬다. 이는 건괘와 곤괘가 짝을 이루는 것만큼이나 중요하다. 건곤은 변화의 과정 안에서 일어나는 두 근원적인 힘이며, 다양한 상황 속에서 끊임없이 변화하여 드러난다. 태괘와 비괘가 상징하는 상황도, 인생과 사회생활 속에서 행과 불행 혹은 질서와 혼란으로 끊임없이 변화하여 교대로 드러난다.

주역의 근본정신은 변한다는 것이다. 태평성대도 예외가 아니다. 좋은 시간이 지속될 수는 없다. 조화와 상호 작용이 점차로 정체와 소외를 낳는 계기를 만든다. 긍정적인 국면이 부정적인 계기를 내포하고 있는 것이다. 지혜로운 사람은 이 점을 이해하면서 조화와 태평성대의 시기일지라도 오만하거나 자기도취에 빠지지 않고 변화의 기미를 놓치지 않으면서 예비하고 예방한다. 주역은 아무리 좋은 상황일지라도 이러한 예방과 긴장을 잃지 말라고 충고한다.

아름다운 장미도
언젠가는 시들 뿐

태평성대의 안정의 시기가 지속되다 보면, 지금까지 형성되어 온 신뢰와 상호 조화가 깨지면서 서로 의심하고 비난하면서 다시 분열의 조짐이 일어나게 마련이다. 이상하게 풍요롭고 안정된 시기에 사람들은 탐욕을 부리고 배타적이 되기 쉽다. 풍요와 안정이 오히려 쇠락과 분열을 낳기도 한다. 풍요와 안정이 지속될 수는 없다. 주역의 근본적인 가르침은 무엇인가. 모든 것은 변화한다는 것이다. 태괘의 세 번째 효는 그 점을 지적한다.

기울어지지 않는 평탄함은 없고, 돌아오지 않는 나아감은 없다. 어려움 속에서도 꿋꿋하게 인내하면 허물은 없다. 자기 진실을 의심하지 말라. 먹는 것에 복이 있다. 無平不陂, 無往不復, 艱貞, 無咎, 勿恤, 其孚, 于食, 有福.

물극필반物極必反이다. 수평을 이루었으면 반드시 기울어지고, 앞으로 갔다면 반드시 돌아오게 되어 있다. 평화와 안정이 지속되면 반드시 부패할 수밖에 없는 조건이 형성되게 마련이다. 그래서 소통되지 않는 막힘의 상태가 되기 쉽다. 태괘의 다음 괘가 바로 이 소통되지 않는 막힘을 상징하는 비괘인 이유도 그 때문이다.

물론 사물이 극한에 이르면 반드시 전환된다. 그래서 쇠락이 일어날 수 있다. 그러나 주역에서는 수수방관하라고 말하지 않는다. 쇠락이 일어나는 것은 어쩔 수 없지만 그렇다고 포기할 수는 없다. 냉혹한 현실의 변화는 그 자체의 법칙을 따르지만, 그것에 대처하는 것은 인간에게 달려 있다.

쇠락으로 변화하는 어려운 시기에 주역은 자신의 신념을 잃지 말라는 대처법을 제시한다. 내적인 진실과 힘을 기르는 것이 좋다고 말한다. 좋았던 시절이 무너지고 어려움이 닥쳤을 때 쉽게 절망하여 이상과 신념을 버리는 것은 지나치게 신념을 고집하는 것만큼이나 어리석다. 변화를 직시하고 그에 따라 신념을 실현할 수 있는 유연한 방식을 고민하는 것이 현명하다. 그래서 효사에서는 꿋꿋하게 인내하면서 자신의 진실을 굳게 지키라고 권고한다.

하지만 그럴지라도 쇠락의 기운은 어찌할 수 없는 것인지도 모른다. 자연이 부리는 시간의 흐름은 아무도 막지 못한다. 태괘의 마지막 여섯 번째 효는 이러하다.

황토로 쌓아 올린 성이 다시 황토로 돌아간다. 강제적인 무력을 쓰지 말라. 자신의 마을에 명령을 내린다. 편협한 지조는 위험하다. 城復于隍, 勿用師, 自邑告命, 貞, 吝.

인간이 쌓아 올린 견고한 성. 하지만 쌓은 것은 시간이 지나면 무너지게 마련이다. 태평성대도 시간이 지나면 쇠락하게 마련. 막으려 해도 막을 수 없다. 변화의 법칙에 저항하려고 해도 소용없다. 강제적으로, 억지로 막으려 하면 할수록 더욱더 무너져 내린다. 거대한 시세의 흐름은 그 자체의 논리에 따라 흘러간다. 그러한 쇠락의 시기가 다가왔음을 알았다면, 강제적으로 저항하기보다 오히려 냉정하게 그것을 받아들이고 닥쳐올 상황을 견딜 수 있는 자신의 역량을 만들어 나가는 것이 현명하다고 주역은 말한다. "자신의 마을에 명령을 내"리라는 말은 바로 이런 의미이다. 쇠락의 변화를 받아들이고 자신의 책무를 다하고 자기 조절을 할 필요가 있다는 말이다.

시간만큼 인간의 가치를 무색하게 만드는 것도 없다. 셰익스피어의 「로미오와 줄리엣」에 이러한 대사가 있다.

장미는 저렇듯 아름답게 피어난다/ 하지만 이는 곧 시들 뿐/ 오, 저 청춘도 마찬가지, 저기 저 아리따운 아가씨도 마찬가지.

칩거하는
뱀

아름다운 청춘도 시간의 흐름을 거역할 수는 없다. 늙을 수밖에 없다. 태평성대도 마찬가지이다. 그러나 그렇게 허무하게 생각할 필요는 없다. 그 반대도 마찬가지이기 때문이다. 소통되지 않고 막힌 시대도 영원히 지속되지 않는다. 영원한 불행은 없다. 다시 전환될 수 있는 계기 또한 그 속에 감추어져 있다.

비가 온 뒤에 땅이 굳어진다고 흔히 말한다. 역경 뒤에 풍성한 결실이 온다는 의미이다. 열한 번째 태괘는 태평성대를 상징했다. 이 태평성대가 극에 달하면 쇠락하게 된다. 그래서 열두 번째 괘는 쇠락한 뒤에 소통되지 않는 막힘의 상태를 상징하는 비괘이다.

태괘와 비괘의 교체, 즉 진보와 정체, 풍요와 가난, 소통과 불통의 교체는 인간사에서 피할 수 없는 연속이다. 그러나 정체와 불통을 상징하는 비괘가 절망이나 비관에 빠지는 상황은 아니다. 변화의 법칙은 항상 새로운 혁신의 계기를 감추고 있다. 어려움과 역경을 통하여 새로운 혁신의 기운이 일어나고, 미래의 씨앗들은 고난 속에서 싹트는 법이다.

비괘는 천지비天地否라고 읽는다. 위로는 하늘을 상징하는 건(乾, ☰)괘와, 아래로는 땅을 상징하는 곤(坤, ☷)괘가 합쳐서 이루어진 괘(☰☷)이다. 하늘이 위에, 땅이 아래에 있으니 온전하고 모양새 좋은 괘 같지만 그렇지 않다. 오히려 땅이 위에 있고 하늘이 아래에 있는 지천태地天泰괘가 태평한 세상을 상징한다. 태괘를 설명하면서 말했듯이, 하늘을 상징하는 건괘는 양이요, 땅을 상징하는 곤괘는 음이다. 양의 성질은 위로 향하고 음의 성질은 아래로 향한다. 양은 양대로 위로 가고 음은 음대로 아래로 가니, 서로 교류하지 못하여 소통과 조화를 이루지 못한다. 교류하지 못하여 만물을 생성할 수가 없다. 소통되지 못하는 답보와 불임의 상태이다.

비괘의 괘사는 이러한 상황에서는 지나치게 자기주장을 펼치거나 고집을 부리지 말라고 충고한다.

지나치게 올곧은 태도를 드러내는 것은 이롭지 않다. 不利君子貞.

올곧은 태도라는 말로 번역한 한자는 정貞인데, 이는 지조와 절개를 의미한다. 혹은 올곧은 뜻이기도 하다. 그러나 아무리 올바른 지조일지라도 그것이 편협한 고집이 된다면 자신에게 해를 입힐 수도 있다. 또 예상치 못한 불행한 결과를 만들 수도 있다. 특히 이렇게 소통이 되지 않는 혼란한 상황에서는 더욱더 그러하다. 가장 좋은 의도를 가지고서 최악의 결과를 만들 수도 있다. 현실을 냉정하게 바라볼 수 있는 현실감각이 부족할 때는 더욱 그러하다.

그러나 이 말을, 세상이 그러하니 무시하고 포기하라는 의미로 이해해서는 곤란하다. 도도하게 흘러가는 시대 흐름은 되돌릴 수 없겠지만, 그 시대 흐름과 상황이 어떻게 돌아가는지를 파악해 그 흐름에 어떻게 대처할지를 명백하게 판단할 수 있는 냉정한 태도를 주역은 권고한다. 분노와 정의감만으로 거대한 파도를 헤칠 수 없다. 뱀과 같은 현실적 지혜가 필요하다.

주역은 이를 한발 물러서는 것으로 표현한다. 이는 혼탁한 세상이 두려워 물러서는 것이 아니라 더 큰 미래로 도약하기 위해 움츠러드는 것이다. 개구리가 움츠리는 것은 더욱더 펼쳐지기 위해서이고, 뱀이 칩거하는 것은 추운 겨울에 자신을 보호하기 위해서이다. 이를 계사전에서는 이렇게 표현한다.

가는 것은 움츠려들었기 때문이고 오는 것은 펼쳤기 때문이다. 움츠리고 펼침이 서로 감응하여 이로움이 생긴다. 자벌레가 굽히는 것은 펼치기 위해서이고 뱀이 칩거하는 것은 자신을 보존하기 위해서이다. 往者屈也, 來者信也, 屈信相感而利生焉. 尺蠖之屈, 以求信也, 龍蛇之蟄, 以存身也.

내일이면
늦으리

움츠러든다는 건 혼탁한 세상으로부터 멀어진다는 것이다. 그러나 그것은 다시 펼쳐지기 위해서이다. 한발 물러서서 어려운 상황에 처하더라도 인내하며 기다린다는 의미이다. 혼탁한 세상에 권세를 가진 사람들에게 협력하지 않거나 세속적인 유혹을 거부한다면 어려운 상황에 처할 수도 있다. 비괘의 상사는 이런 점을 말한다.

하늘과 땅이 교류하지 못하는 모습이 비괘이다. 군자는 이러한 때에 능력을 감추고 난세를 피하니, 헛된 지위나 돈으로 영예를 얻는 것은 옳지 않다. 天地不交否, 君子以儉德辟難, 不可榮以祿.

유혹자들이 던져 주는 미끼의 꼬리에는 재앙이 달려서 온다. 그러니 유혹과 재앙으로부터 비켜 가려면 섣불리 자신의 지혜와 능력을 드러내지 않는 것이 현명하다는 충고이다. 오히려 이런 혼탁한 세상을 새로운 세상으로 전환하고자 하는 뜻을 지키면서 기회를 포착하고 그러한 때를 만들어 나가는 행위가 바람직하다는 말이다. 그러나 이는 혼자서는 감당하기 힘들다. 외롭다. 그래서 주역은 뜻을 같이할 수 있는 동지를 규합하라고 권고한다. 첫 번째 효는 이를 상징적으로 말한다.

그 무리와 함께 올바름을 지키면 길하여 형통한다. 拔茅茹. 以其彙, 貞, 吉.

이런 혼탁한 세상이 언제까지 계속되는 것은 아니다. 변화의 조짐이 일어난다. 하지만 이러한 변화의 조짐과 기회는 한순간에 이루어지지 않는다. 오랜 시간의 인내와 기다림 그리고 동지들과의 투쟁을 통해서 이루어진다. 소통되지 않는 혼탁한 세상이 극단에 이르러서 반대로 다른 상황으로의 전환이 시작될 수 있다. 시대적인 요구가 드러나 이를 따르려는 사람들이 생겨나기 시작하는 때이다. 네 번째 효는 이러한 순간을 상징한다.

명령이 있다면 허물이 없다. 무리들이 복을 받는다. 有命, 無咎, 疇, 離祉.

여기서 말하는 명령이란 시대의 요구, 즉 하늘의 명이며 이에 공감하는 사람들이 많이 생겨나기 시작한다는 말이다. 이제 소통되지 않는 혼란의 시대를 혁신하려는 사회적 요구들이 생겨나서 소통하게 된다는 말이다. 사물이 극한에 이르면 반드시 다른 쪽으로 전환된다. 혼탁한 불통의 순간 역시 그러하다. 극한에 이르면 다시 다른 방향으로 기울어진다. 비괘의 마지막 효는 이러한 상황을 묘사한다.

막힘의 상황이 기울어진다. 처음에는 막혔지만 나중에는 기쁘게 된다. 傾否, 先否, 後喜.

혼탁한 세상이 극한에 이르렀기 때문에 기울어져 변하게 된다. 주역은 이렇게 생명이 항시 새롭게 일어난다는 변화의 희망을 잃지 않는다. 그러나 잊지 말아야 할 것은 이러한 변화가 그냥 이루어지지는 않는다는 점이다. 주역은 새로운 상황으로 전환될 수 있는 조건과 계기를 만드는 노력을 포기하지 말라고 당부한다. 그것이 인간의 역할이다. 인간이 소통을 유지하려는 노력을 기울이지 않으면 다시 혼란으로 기울어지듯이, 혼탁한 세상과 소통되지 않는 상황도 그냥 저절로 없어지지 않는다. 인간의 창조적인 행위가 개입되지 않는다면 조화를 이루는 생명의 소통은 이루어지지 않는다. 그러한 변화의 기회를 포착했다면 미루지 말고 실행하라. 그것이 주역의 권고이다. 계사전은 이렇게 말한다.

변화의 기회를 발견했다면 하루가 다 가기를 기다리지 말고 즉시 실행하라. 見幾而作, 不俟終日.

내일이면 늦으리.

꼬리를 적신
어린 여우

　　종즉유시終則有始. 물극필반과 함께 변화의 법칙을 의미하는 말이다. "끝이 곧 시작이다."는 뜻이다. 주역에는 완전한 끝은 없다. 종말도, 완성도 없다. 오히려 완전함이란 더 이상 할 것이 없는 궁핍한 상태를 의미한다. 그래서 주역의 마지막 괘는 독특하게 구성되어 있다. 마지막 괘인 64번째 미제괘는 '아직 완성되지 못했다' 혹은 '아직 다스려지지 못했다'는 의미를 가진다. 미완성과 불완전을 상징한다. 그런데 63번째 괘는 완전과 완성을 상징한다. 기제괘이다. '이미 다 완성했다' 혹은 '이미 모두 다스렸다'는 의미를 가진다. 기제가 곧 미제라는 말이 있다. 완전했다고 생각하는 순간 그것은 이미 불완전하다는 말이다. 깨달았다고 생각하는 순간 그것은 이미 깨달은 것이 아니다.

　　기제괘는 수화기제水火旣濟라고 읽는다. 위로는 물을 상징하는 감

(坎, ☵)괘와, 아래로는 불을 상징하는 이(離, ☲)괘가 합쳐서 이루어진 괘(䷾)이기 때문이다. 음을 상징하는 물은 아래로 향하고 양을 상징하는 불은 위로 향한다. 음과 양이 교류하여 소통한다. 또한 물이 위에 있고 불이 아래에 있으니, 불에 의해서 물이 따뜻하게 되는 모습이다. 음식물을 익히는 모습이니 물과 불이 각각의 역할을 조화롭게 하는 모습이기도 하다. 이 기제괘만큼 각각의 효가 적합한 자리와 올바름을 이룬 모양은 없다. 가장 완전한 모습이다. 그러나 실제적인 내용은 그렇지 않다.

기제괘의 괘사에서 눈에 띄는 말은 '초길종난初吉終亂'이다. 처음에는 길할지 모르나 나중에는 혼란하게 될 수도 있다는 의미이다. 가장 완전한 괘인데도 그 괘사는 별로 좋은 미래를 말하고 있지 않다. 물극필반. 괘 자체가 가장 완전한 배치를 이루고 있어 더 이상 어떻게 할 수가 없는 매우 궁한 상태가 되어서, 즉 극단에 이르러서 새로운 상황으로 전환될 수밖에 없는 상황이기 때문이다. 영원히 지속되는 것은 없다. 기제괘의 효사는 이런 점들을 지적하고 있는데, 네 번째 효사가 이를 정확하게 상징한다.

배 밑바닥의 틈으로 물이 새어 들어와 젖으니 누더기로 틈을 막는다. 종일토록 경계한다. 繻有衣袽. 終日戒.

이제, 기제라는 완전한 상황에 틈이 벌어져 위험한 상황이 다가

옴을 예고한다. 쇠락과 혼란의 조짐이 이미 보이기 시작한다. 이제 경계하고 방비한다는 것은 이미 늦었는지도 모른다. 깊은 주의와 신중한 사려를 주역에서는 요구한다.

사람들은 성공을 하거나 풍요를 누릴 때 교만하고 타인을 무시하며, 허례허식과 과장과 자기도취의 허영에 빠지기 쉽다. 이런 모습이 겉으로 드러나지 않더라도 마음속 깊은 곳에 감추어져 있는데 스스로 의식하지 못할 수도 있다. 그래서 이런 때에는 언제나 겸손을 강조하는 것이다. 다섯 번째 효는 이렇다.

동쪽 이웃이 소를 죽여 제물로 바치는 것보다 서쪽 이웃이 검소한 제사를 올려 실제로 복을 받는 것이 더 좋다. 東隣殺牛, 不如西隣禴祭. 實受其福.

소를 죽여서 제물로 바치는 제사는 매우 성대하다. 그에 비하면 약禴은 주로 먹을 것이 떨어지는 봄에 올리는 제사로 아주 검소하다. 이 제사는 제물은 빈약하지만 정성이 지극하고 마음이 정직하다. 성공과 풍요에 익숙해지면 교만하고 사치해지기 쉽기에 이러한 경고를 한 것이다. 그렇게 하지 않는다면, 틈새가 벌어진 배가 머지 않아 바다 속으로 신속하게 가라앉는 꼴이 될 것이다.

63번째 기제괘 다음의 괘는 64번째 미제괘이다. 이는 미완성과 불완전을 상징한다. 화수미제火水未濟라고 한다. 위로는 불을 상징하는 이(☲)괘와, 아래로는 물을 상징하는 감(☵)괘가 합쳐서 이루어진 괘(䷿)이기 때문이다. 불은 위로 향하고 물은 아래로 향하여 서로 소통하지 못한다. 미제괘의 괘사에 나온 상징은 인상적이다.

　어린 여우가 강을 거의 다 건넜는데 꼬리를 적신다. 이로울 게 하나도 없다. 小狐汔濟, 濡其尾. 無攸利.

　여우는 강을 건널 때 꼬리를 바짝 들고서 건넌다고 한다. 그런데 어린 여우가 강을 거의 건널 무렵 꼬리를 강물에 적신다. 왜 그럴까? 자신의 능력과 상황을 파악하지도 않고, 강이 얕은지 깊은지도 헤아리지 않은 채 무모하게 강을 건너려 했기 때문이다. 어떻게 할 줄도 모른 채 일을 저질러 버렸다. 어떤 일도 성취하지 못했다. 이로울 게 하나도 없는 상황이지만 그렇다고 해서 아주 흉하다거나 불길한 상황은 아니다. 오히려 앞으로 잘되어 나갈 것이라는 점을 각각의 효들은 암시한다.

　왜 그러한가? 일을 성취하려는 강한 의지와 용기를 가지고 있기 때문이다. 어린 여우는 젊은이를 상징한다. 일을 추진할 수 있는 의지와 용기를 가진 젊음의 특권은 무엇인가? 실패와 실수를 저지르는 것이다. 실패와 실수를 저지르는 것이 부끄럽고 두렵다고 아무 일도 하지 않는 겁쟁이가 되어서는 안 된다. 젊은 때는 실수와 실패를 많이 저지를수록 좋다.

물론 젊음의 특권을 누리기 위해서는 젊음의 의무도 있다. 그것은 무엇인가? 같은 실수를 반복하지 않는 것이다. 젊음에게 요구되는 것은 그래서 신중함이기도 하다. 신중한 지혜, 뱀과 같은 현실감각이 보강된다면 많은 일을 성취할 수 있다. 그래서 이 괘는 좋은 미래를 암시한다.

물론 미제괘는 아직 어떤 일도 성취되지 못한 상황이다. 그러나 그렇기 때문에 성취하려는 의지가 감추어져 있다. 다시 처음의 건곤으로 돌아가 창조력과 실천력으로 변화를 일으킬 수 있기 때문이다. 주역의 마지막을 미제괘로 장식한 것은 바로 이 때문이다. 역易이란 무엇인가. 끊임없이 변화하고 소통하여, 궁핍하고 막힌 상태가 없도록 새롭게 창조하는 것이다. 그것이 주역의 정신이다.

3. 계몽과 혼돈

마음의
궁핍

　　주역의 계사전에는 짧지만 의미 있는 말이 있다. "궁하면 변화하고 변화하면 소통한다.(窮則變, 變則通.)" 여기서 궁窮하다는 말이 의미하는 바는 무엇일까. 물론 경제적인 궁핍과 정치적인 박해와 소외와도 관련이 있을 것이다. 궁지에 몰렸다는 말도 어떤 막다른 상황을 뜻한다. 궁하다. 돈이 궁하고 논리도 궁하고 마음도 궁하다.

　고래로 문학 하는 사람들, 특히 시인들은 이런 궁한 상황에 처했다. 그래서 경제적인 풍요나 권력과는 거리가 멀었다. 시를 써서 부귀영화를 누렸다는 사람을 들어 본 적이 없다. 하지만 옛사람들은 시인들의 궁한 처지를 그렇게 부정적으로만 보지는 않았던 듯하다. 북송시대 문학가이자 사상가인 구양수는 오히려 궁한 처지를 칭송한다.

시가 시인을 궁핍하게 만들 수 있는 것이 아니라, 궁핍해진 다음에야 시가 더욱더 섬세해지고 기교가 있게 된다.

— 구양수, 「매성유시집서」

궁핍해야 더욱더 시를 지을 수 있는 섬세한 감수성이 자라난다. 치열함 속에서 더욱더 단련된다. 구양수에게 궁핍이란 벗어나야 할 상황이 아니라, 오히려 섬세한 감수성을 통하여 더욱 아름다운 시를 만들 수 있는 모태와 같은 것이다. 그러니 맹자의 다음과 같은 말은 결코 과장이 아닐지도 모른다.

하늘이 나에게 중대한 임무를 내려 주시기 전에 먼저 반드시 나의 마음과 뜻을 괴롭게 하고, 나의 뼈와 근육을 힘들게 하며, 나의 몸과 살을 주리게 하고 나의 몸을 궁핍하게 하여, 하고자 하는 일을 어렵고 힘들게 만들어서 나의 마음과 본성을 단련시켜 부족한 역량들을 더욱 증진시켜 준다.

— 『맹자』고자상

이는 비단 경제적이고 정치적인 상황의 궁핍에만 해당하는 일은 아닐 것이다. 동일한 궁핍이 정신적인 상황에도 일어난다. "마음이 가난한 자는 복이 있다."고 『성경』은 말한다. 근데 왜 경제적인 가난이 아니라 마음의 가난에 복이 있을까. 경제적으로 가난한 사람에게 복이 있어야지, 왜 마음이 가난한 사람에게 복이 있느냔 말이다.

믿기 어렵겠지만 소크라테스는 자신이 진정으로 가장 어리석은 사람이었기 때문에 가장 현명한 사람이라고 주장했다. 이 무슨 소리인가. 그는 델피 신전에서 "소크라테스보다 현명한 자는 없다." 는 신탁을 받았다고 한다. 이 소식을 들은 소크라테스는 어떤 태도를 취했을까. 그럴 리 없다고 겸손해했을까, 아니면 그럼 그렇지 하고 오만불손했을까. 고민에 빠졌다고 한다. 제아무리 신탁이라고 해도 믿을 수 없다. 이는 분명한 사실과 스스로의 판단이 아니면 확실한 앎으로 인정할 수 없다는 매우 철학적인 태도이다.

그래서 그는 아테네에서 현명하다고 알려진 사람들을 찾아가 그들이 알고 있는 것에 대해 질문을 했다. 그 사람이 대답을 하면, 그것이 과연 그런지 그렇지 않을 수는 없는지 하는 또 다른 질문을 던진다. 잘 알려진 산파술이다. 그런데 이 산파술로 대화를 하다 보면 놀랍게도 현명하다는 사람들이 앞뒤가 맞지 않는 말을 하고 있었다. 잘못된 앎을 가지고 있었던 것이다.

결국 소크라테스는, "다른 사람들은 잘 알지도 못하면서 안다고 하는데, 나는 적어도 내가 모르고 있다는 것은 알고 있다. 그래서 내가 현명하다는 것이로구나." 하고 깨닫는다. 마음의 궁핍, 그것은 바로 자신의 어리석음에 대한 자각이다. 그게 복이다. 소크라테스의 깨달음은, 마음은 궁핍하지만 가장 복 받은 자라는 깨달음이다.

이는 공자도 다르지 않다. 공자는 아는 것이 무엇이냐고 묻는 제자에게 이렇게 말했다.

"자로야, 너에게 안다는 것이 무엇인지 가르쳐 주마. 아는 것을 안다고 하고 모르는 것을 모른다고 하는 것, 이것이 진짜 아는 것이다."

아는 것을 안다고 하고 모르는 것을 모른다고 하는 것, 그것은 말하기는 쉽지만 어려운 일이다.

무지가 부끄러운 것은 아니다. 우리들의 앎은 자기과시의 수단이거나 타인을 억압하는 도구가 되기도 한다. 무지함의 본래 모습은 어쩌면 과신, 허영, 자만, 교만 등일지도 모른다. 진실로 두려워해야 할 것은 무지함이 아니다. 거짓된 앎이다. 거짓된 앎이 고착될 때 무서운 결과를 초래할 수 있다.

자신의 무지에 대한 자각이 진정한 앎, 즉 철학의 출발점이다. 마음의 궁핍, 그것에 대한 자각이 앎의 출발점이며 동시에 복이다. 궁핍하면 변화하지 않을 수 없다. 그리하여 진정한 앎을 간절히 원하게 되어, 스스로 의식과 삶을 변화시키려 하고 이 세상과 소통하려 하니 참으로 복되지 않은가. 궁하면 변화하게 되고 변화하게 되면 세상과 소통할 수 있다. 궁핍이 풍요로움으로 변화하는 순간이다.

마음의 궁핍, 그것은 무지이며 어리석음이다. 이 어리석음과 무지를 깨쳐 나가는 것을 일컬어 계몽이라고 한다. 독일의 위대한 계몽주의 철학자인 칸트는 계몽을 다음과 같이 정의했다.

계몽이란 스스로 타인에게 이성적 숙고와 판단을 대신 부탁하는 미성숙으로부터 벗어나는 것이다. '미성숙'이란 타자의 안내 없이는 자기 자신이 이해한 것들을 사용할 수 있는 능력이 없음을 말한다. 만약 이런 미성숙의 원인이 이해의 결핍이 아니라, 타인의 안내 없이는 그것을 사용할 해결책과 용기의 결핍에서 온 것이라면, 미성숙은 자기 책임이다. 그러므로 계몽의 모토는 다음과 같다. 과감하게 현명해져라! 너 스스로 이해한 것을 사용할 수 있는 용기를 가져라.

—『계몽이란 무엇인가?』

칸트는 용기를 가지고 이성적인 능력을 발휘하여 미성숙으로부터 벗어나는 것을 계몽이라고 보았다. 미성숙의 원인은 자기 책임이다. 이성적 능력이 없기 때문이 아니라 그것을 사용할 수 있는 용기와 책임감이 없기 때문이다. 그러니 과감하게 현명해져라. 어리석음은 곧 어리고 유치한 것이다. 주역에서도 이 미성숙의 어리석음을 말한다. 네 번째 괘가 바로 몽蒙괘이다. 몽이란 미성숙이며 어리석음이며 어린 것을 의미한다.

미성숙과
계몽

　　세 번째 둔屯괘를 이은 네 번째 괘가 몽괘이다. 산수몽山水
蒙이라고 읽는다. 위로는 산을 상징하는 간(艮, ☶)괘와, 아래로는
물을 상징하는 감(☵)괘가 합쳐져서 이루어진 괘(䷃)이기 때문이
다. 산은 멈춤을 상징하고 물은 위험을 상징한다. 위험을 만나 멈춰
서는 모습이니 어디로 갈지를 모르는 상태이다. 몽괘는 아직 갈 바
를 모르는 미성숙한 어린 상태를 상징한다.

　그러나 이상하게도 이 몽괘의 모양을 거꾸로 뒤집으면 둔괘의 모
양이 나온다. 둔괘는 세 번째 괘이다. 이 둔괘는 수뢰둔水雷屯이라
고 읽는다. 위로는 물을 상징하는 감(☵)괘와, 아래로는 우레를 상
징하는 진(震, ☳)괘가 합쳐져서 이루어진 괘(䷂)이기 때문이다.
여기서 감괘는 구름을 말하고 진괘는 우레를 말한다. 먹구름이 가
득하고 우레와 천둥이 내리치는 혼돈의 상황을 상징한다. 폭풍 전

야이다. 혼돈이란 꽉 차서 혼란한 상황이다.

주역의 첫 번째와 두 번째 괘는 건괘와 곤괘였다. 이들은 음양을 상징하는 순수한 형식이다. 건곤은 주역으로 들어가는 문이다. 이 음양이 교류해야 비로소 만물이 생성되고 변화가 이루어진다. 그렇다면 세 번째 괘가 진정한 주역의 시작이라고 말할 수 있다. 세 번째와 네 번째 괘인 둔괘와 몽괘가 주역의 진정한 시작이며 이 두 괘는 서로 밀접한 관련을 맺고 있다. 혼돈과 미성숙으로부터 주역의 변화는 시작된다.

『성경』에서는 태초에 말씀, 즉 로고스가 있었다고 말하지만, 주역에선 태초에 혼돈이 있었고 그래서 미성숙으로 이어진다. 둔괘는 만물이 처음 생겨나기 시작하는 혼돈의 시초이다. 사물은 처음 생겨날 때는 반드시 어리다. 유치하고 경험이 없기 때문에 미숙하다. 아직 미성숙의 상태이다. 그래서 둔괘에서 몽괘로 이어진다.

또한 미성숙의 내적 상태는 혼돈이라는 외적 상황과 분리될 수 없다. 미성숙의 어리석음은 외적 혼돈과 관련이 있고, 외적 혼돈은 미성숙이라는 어리석음과 관계한다. 미성숙이 용기와 책임감만 없을 뿐 성숙의 능력이 없는 것이 아니듯, 혼돈 또한 완전한 무질서가 아니라 질서를 창조할 수 있는 무한한 가능성이다.

그런 의미에서 혼돈을 상징하는 둔괘는 단지 사물의 시초로서 혼란한 상태이지 불행한 재앙의 상태는 아니며, 미성숙을 의미하는 몽괘도 단지 시작 단계의 미숙함이지 무지몽매한 무능력은 아니다.

경험이 모자랄 뿐, 교육과 적절한 훈련을 통해 성숙될 수 있다. 소크라테스의 말을 상기해 보자. 자신의 무지를 진정으로 깨닫고 인정한 사람이 현명하다. 그것이 주역이 말하고자 하는 바이다. 몽괘의 괘사는 다음과 같다.

미성숙하지만 형통할 수가 있다. 내가 몽매한 어린이를 찾아가는 것이 아니라 몽매한 어린이가 나를 찾아오는 것이다. 처음 점을 쳐서 가르침을 요구하면 가르쳐 준다. 그러나 두세 번 반복해서 되물으면 모독하는 것이니, 모독하면 가르쳐 주지 않는다. 뜻을 곧게 지키고 인내하면 이롭다. 蒙, 亨, 匪我求童蒙, 童蒙求我. 初筮, 告, 再三, 瀆, 瀆則不告. 利貞.

소를 물가까지 끌고 갈 수는 있어도 억지로 물을 먹게 할 수는 없다. 공자는 이런 말을 했다. "알려고 애쓰지 않으면 가르쳐 주지 않고, 표현하지 못하여 더듬거리지 않으면 일러 주지 않는다." 배우려고 하는 의지가 없는 사람에게 억지로 가르침을 주는 것은 도리어 폭력일 수 있다. 자신의 무지에 대한 자각으로부터 가르침을 받아야 할 필요성을 깨닫고 적극적으로 배움을 구하지 않는 한 강제적인 가르침은 무의미하다.

괘사는 바로 이것을 의미한다. 내가 어린아이를 찾아가는 것이 아니라 어린아이가 나를 찾아와야 한다. 미성숙의 어리석음을 스스로 깨닫지 못한다면 진정한 깨달음과 변화를 시작할 수 없다. 이런 사람을 억지로 가르칠 수는 없다고 주역은 말한다.

더불어 배움의 목적은 자신의 무지와 미숙을 깨우치는 것이지, 가르쳐 주는 사람을 모독하고 자신이 알고 있는 것을 자랑하고 과시하는 것이 아니다. 불신과 오만으로 가득 차 있을 때 가르침은 받아들여지지 않고 오히려 타인을 모독하게 된다. 그러니 겸손을 유지하면서 인내하라고 주역은 권고한다. 가르침을 받기 시작했다면, 자신에게 필요한 가르침을 완전히 습득하기 전까지 포기해서는 안 된다. 배움은 인내를 요구한다.

칸트는 계몽을, 자신의 이성적 능력을 남에게 의지하지 않고 용기와 책임감을 가지고 사용하는 것이라고 했다. 18세기에 살았던 칸트에게 계몽은 이성적 능력의 올바른 사용이다. 이보다 2세기 앞서 16세기에 살았던 율곡은 『격몽요결擊蒙要訣』이라는 책을 썼다. 어리석음을 깨우치는 요점과 비결이라는 뜻이다. 여기서 '격몽'은 바로 이 몽괘의 마지막 여섯 번째 효에서 나온 말이다. 계몽이란 뜻과 그리 다르지 않다. 그러나 칸트와 율곡이 생각한 계몽과 격몽에는 유사점이 있으면서 차이점도 있다.

성인과
『격몽요결』

　　　　　율곡도 학문을 통하여 올바른 사람이 될 수 있다고 하면서, 다른 사람에게 미루거나 의지하지 말고, 또 자포자기하지 말아야 한다고 강조한다. 이는 칸트와 다르지 않은 생각이다. 학문을 통하여 성인聖人이 될 수 있음을 깨닫고 뜻을 세워야 한다고 율곡은 말한다. 성인은 누구나 될 수 있으며 또 누구나 그러한 능력을 가지고 있다.

　율곡에 따르면, 성인은 보통 사람들이 접근하지 못하는 고원高遠하고 성스러운 경지에 도달한 사람이라고 생각할 필요는 없다. 성인은 그저 '성인成人'일 뿐이다. 자신의 삶에 책임을 가지고 자신이 속한 공동체와 그 속에서 함께하는 사람들과의 관계를 아름답게 만들어 가는 성숙한 어른일 뿐이다. 인간됨을 완성하는 과정에 있는 것, 그것이 성인이다.

칸트는 이성적 능력의 올바른 사용을 계몽이라고 했지만, 율곡은 오히려 공동체 속에서 타인들과 관계하며 인간다움을 완성하는 것을 계몽이라고 보았다. 그것은 단지 이성적 능력만으로 이루어질 수는 없다. 그래서 율곡이 제시하는 수양 방법은 이성적 능력만이 아니라 다양한 측면을 가진다. 그가 『격몽요결』에서 강조하는 것이 구사구용九思九容이다.

구사九思란 아홉 가지를 생각하라는 뜻이다. 첫째, 시사명視思明. 사물을 볼 때 분명하게 볼 줄 알아야 한다. 선입관을 가지지 말라는 것이다. 둘째, 청사총廳思聰. 어떠한 말을 들을 때 그 말뜻을 정확하게 이해해야 한다. 셋째, 언사충言思忠. 말을 할 때는 진실하게 해야 한다. 혹시 무책임한 말을 하고 있지는 않나 깊이 생각하면서 말해야 한다. 넷째, 색사온色思溫. 얼굴 표정을 온화하고 따뜻하게 하고 있는가를 생각하라는 말이다. 먼저 따스한 인상을 전하는 것이 좋다. 다섯째, 모사공貌思恭. 자기의 용모와 태도가 늘 남을 존중하는 자세를 지키고 있는지를 생각한다. 무례하게 행동하지 않는다. 여섯째, 사사경事思敬. 어떤 일을 하든지 신중하고 진지한 마음으로 처리하고 있는지를 생각한다. 일곱째, 의사문疑思問. 의심이 나면 아랫사람일지라도 물어봐야 한다. 자기 독단은 위험하다. 여덟째, 분사난忿思難. 분한 일을 당했다고 경솔하게 행동하지 않는다. 냉정하게 생각해야 한다. 아홉째, 견득사의見得思義. 뜻하지 않은 이득이 생겼을 때 그 이득이 정의로운 것인가를 생각할 줄 알아야 한다.

조선시대 가장 강력한 세력을 형성했던 기호학파를 일으킨 율곡 이이(李珥, 1536~1584). 그를 기리기 위해 후학들은 경기도 파주에 자운서원을 세웠다.

구용九容은 아홉 가지의 몸가짐이다. 첫째, 족용필중足容必重. 발걸음은 정중하고 무거워야 한다. 경망스러운 행동은 마음을 가볍게 만든다. 둘째, 수용필공手容必恭. 손을 가지런히 모아야 한다. 셋째, 목용필단目容必端. 눈은 똑바로 단정하게 바라보아야 한다. 눈을 돌리고 곁눈질하는 모습은 불안하게 보인다. 넷째, 구용필지口容必止. 입은 반드시 다물어야 한다. 말을 조심하라는 말이다. 다섯째, 성용필정聲容必靜. 목소리는 반드시 고요해야 한다. 말하는 목소리와 분위기가 중요하다. 여섯째, 두용필직頭容必直. 머리는 삐딱하지 않게 똑바로 한다. 일곱째, 기용필숙氣容必肅. 기상과 용모는 반드시 엄숙해야 한다. 부드럽지만 위엄 있는 모습을 지녀야 한다. 여덟째, 입용필덕立容必德. 서 있는 모습에서 반드시 후덕함이 묻어 나와야 한다. 아홉째, 색용필장色容必莊. 얼굴은 반드시 씩씩한 모습을 보여야 한다. 우울하고 찡그린 인상은 보기에도 좋지 않다.

율곡이 말하는 구사구용은 현대인들에게는 매우 고리타분하고 피곤한 가르침들일 것이다. 그러나 율곡에게 격몽, 즉 미성숙으로부터 벗어나는 방법은 단지 칸트가 말하는 이성적 능력을 완전하게 발휘하는 계몽과는 달랐다. 그것은 몸으로부터의 깨우침이었다. 동아시아의 사유에서 자신을 수양하여 변화시키는 과정은 단지 정신적 능력을 발달시키는 것에 머물지 않았다. 정신적 능력의 계발과 깨우침만큼이나 몸의 단련과 습관의 혁신을 강조했다. 그것이 동반되지 않는다면 진정한 계몽은 이루어질 수 없다고 보았다. 현대 심리학에도 이성적 능력이 제대로 발휘되기 위해서는 감정 조절과 몸의 상태가 안정을 이루어야 한다는 이론이 있다.

칸트도 자신의 이성적 능력을 올바로 사용하지 못하는 것은 자신의 책임이며 용기가 없어서라고 했다. 율곡도 동일한 생각을 했지만 해법은 달랐다.

> 학문에 뜻을 두었다고 해도 용기 있게 앞으로 나아가서 성취를 이루지 못하는 것은 옛날의 습관들이 가로막아 방해를 하기 때문이다.
>
> ─『격몽요결』

이성적 능력을 올바로 사용하기 위하여 용맹정진 학문을 했더라도 성과를 내지 못했다면 그 원인은 이성적 능력에 있는 것이 아니라 몸속에 박힌 옛날의 나쁜 습관들 때문이라는 것이다. 먼저 몸속에 박힌 나쁜 습관들을 혁신해야만 이성적 능력이 올바르게 발현될 수 있다고 율곡은 보았다. 그래서 『격몽요결』에서 뜻을 세운다는

* * *

1577년 율곡이 일반 사람들을 위해 저술한 『격몽요결』.
1장은 입지, 2장은 혁구습, 3장은 지신, 4장은 독서, 5장
은 사친, 6장은 상례, 7장은 제례, 8장은 거가, 9장은 접
인, 10장은 처세로 구성되어 있다.

입지立志장 다음이 바로 옛날의 나쁜 습관들을 혁신한다는 혁구습革舊習장이다. 몸 공부가 먼저라고 생각했던 것이다. 옛 고승들은 도를 깨우치러 온 사람에게 먼저 물을 지고 청소하는 일을 시켰다. 그런 몸 공부를 통해 진짜 능력과 용기가 드러나게 된다. 그것이 율곡이 말하는 계몽이다.

혼돈의 새,
제강

　　미성숙의 몽괘가 아무것도 할 수 없는 무능력이 아니라 자기 변화를 위한 진정한 출발점이었듯이, 혼돈을 상징하는 세 번째 괘인 둔괘도 무질서가 아니라 질서를 창조할 수 있는 무한한 가능성이라고 주역은 설명한다.

　옛적부터 인간은 태초에 대한 궁금증을 가졌다. 그래서 모든 신화에는 이 태초에 대한 설명과 묘사가 있다. 그것은 바로 이 세상과 우주의 탄생에 대한 질문이었을 것이다. 중국의 신화에는 태초의 혼돈조차 짐승이나 자연물처럼 살아 숨 쉬는 생명체로 표현된다. 그래서 중국의 가장 오래된 신화집인 『산해경山海經』에서는 혼돈을 한 마리 새로 묘사한다.

　　천산天山이라는 곳에서는 금과 옥이 많이 난다. ……영수英水에서 나와 서남쪽으로 양곡暘谷에 흘러든다. 이곳의 신은 그 형상이 누런 자루 같은데, 붉기가 빨간 불꽃 같고 여섯 개의 다리와 네 개의 날개를 갖고 있으며 얼굴이 전연 없다. 춤과 노래를 잘할 줄 아는 이 신이 바로 제강帝江이다.

물론 제강은 신비한 상상의 새이다. 그런데 모양이 참 재미있다. 자루처럼 생기고 여섯 개의 다리와 네 개의 날개를 가진 모습이 독특한데, 거기에 눈·코·귀·입 등 얼굴이 없이 몸뚱이뿐이다. 얼굴이 없어서 답답하게 느껴진다. 하지만 춤과 노래를 잘할 줄 안다니 얼마나 귀여운가. 기괴하지만 엽기적이지 않고 귀엽다. 생기발랄하게 느껴진다. 춤과 노래, 그것은 생명의 율동과 소리를 상징한다. 그런 의미에서 혼돈이란 캄캄한 암흑과 같은 죽음의 이미지가

●●●
기원전 3~4세기 전국시대 초나라의 무당 계층이 편집한 『산해경』에 나오는 제강은, 신비하고 괴상한 혼돈의 새이다.

아니라 힘이 넘치는 생명력의 이미지를 갖고 있다.

둔屯이라는 한자의 모양은 풀(屮)과 땅(一)이 합하여 이루어졌다. 풀이라는 생명력이 땅을 뚫고 이제 막 나오려고 힘을 쓰는 모습이다. 풀 죽지 말라는 표현이 있다. 기죽지 말라는 말도 한다. 모두 생기발랄함을 잃지 말라는 말이다. 꼿꼿하게 생명의 기운이 땅을 뚫고 펼쳐지는 모양을 상징한다. 하지만 아직 완전히 땅을 뚫고 싹을 피우지는 못한 상태이다. 구체적인 현실인 땅을 잘 모른다. 그러나 그 생기발랄함을 결코 잃지 않은 상태이다.

위에서도 말했듯이 둔괘는 먹구름이 가득하고 우레와 천둥이 내리치는 혼돈의 상황을 상징한다. 만물은 시원하게 태풍과 비가 쏟아지기를 간절히 바라고 있다. 혼돈은 공포스러운 상황이기도 하지만 동시에 생명이 성숙할 수 있는 조건이기도 하다. 무서운 태풍이 지나가고 난 뒤의 청명한 하늘과 기후는 새로운 생명들이 자라날 수 있는 조건이 된다. 혼돈은 만물이 생겨나고 창조되는 시초이다. 그렇기 때문에 둔괘는 결코 불길한 미래를 말하지 않는다. 오히려 창조의 가능성이 가득히 잠재해 있다. 괘사는 이러하다.

혼돈이다. 크게 형통할 수 있으니 자신의 뜻을 굳게 인내하며 지켜야 한다. 함부로 경거망동하면서 일을 벌이지 말고 도움을 줄 수 있는 조력자를 찾는 것이 이롭다. 屯, 元亨, 利貞, 勿用有攸往, 利建候.

혼돈이다. 무서운 혼돈을 견디기 힘들어 사람들은 흔히 신속하고 쉽게 거기서 벗어나고 싶어한다. 그러나 주역은 혼돈에서 빨리 벗어나기보다 오히려 혼돈 속에서의 인내를 충고한다. 사납기만 한 폭풍이 지나가면 청명한 하늘이 나오고, 땅에 비를 뿌리면서 새로운 토양을 만들듯이, 혼돈은 이미 미래의 가능성이라는 싹을 가지고 있다. 그렇기 때문에 혼돈을 두려워할 필요가 없다. 현명한 사람이라면 이 혼돈 속에 잠재된 새로운 질서의 싹들을 깨닫고 그것들이 자연스럽게 자랄 수 있도록 한다.

더불어 주역은 타인의 도움과 충고를 구하는 것이 현명하다고 권고한다. 조력자를 구하라는 말이다. 혼돈에 빠져 있을 때는 자신의 상황을 똑바로 보기가 매우 힘들다. 타인의 도움을 구하는 데 자존심을 내세우며 오만할 필요도 없고, 자신의 모습을 부끄러워하면서 비굴할 필요도 없다. 겸허하게 타인의 쓴소리를 쓴 대로 삼킬 일이다.

타인의 도움을 구하려 하지 않고 자만심과 자기 고집만을 가진 사람들은 모든 것을 혼자 하기 쉽다. 그런 태도에는 타인을 믿지 못하거나 타인들과 함께 무언가를 나누어 즐길 줄을 모르는 습성이 있다. 또한 도움을 청하는 것을 두려워하는 사람은 자기 혼자 일을 처리한답시고 허둥대며 안간힘을 쓸 뿐이다. 그렇게 안간힘을 쓰다가 결국엔 자기 확신을 잃고 일을 포기할 수도 있다. 현명한 사람이라면 타인의 도움이 필요하다는 것을 안다.

혼돈 속의 질서,
카오스모스

　　『장자』에도 혼돈에 관한 우화가 있다. 남쪽 바다의 임금인 숙儵, 북쪽 바다의 임금인 홀忽, 그리고 중앙의 임금인 혼돈混沌이 있었다. 숙과 홀이 혼돈에게서 극진한 대접을 받아 그에 대해 보답하기 위해 혼돈에게 보고, 듣고, 먹고, 숨 쉬는 일곱 구멍을 뚫어 주었다. 그러나 구멍을 뚫어 주자 혼돈이 죽고 말았다는 이야기이다.

　여기서 표현된 혼돈은 부정적인 의미의 혼돈이 아니다. 오히려 인간의 인위적인 규정이나 강요된 의식에 의해서 죽게 되는 가장 근본적인 생명이다. 혼돈이란 생명력이 현실을 뚫고 나오는, 생생하면서 모든 가능성이 응축된 원초적인 상태이다. 풀이 죽거나 기가 죽지 않아야 하는 근원적인 생명이다. 또한 모든 변화와 창조를 가능케 하는 힘이기도 하다. 『장자』에 표현된 혼돈의 죽음은, 인간의 협애한 지식으로 복잡한 혼돈의 세계를 포착하려는 시도에는 한계가 있음을 드러내 준다.

현대 과학에 카오스 이론이라는 것이 있다. 이 이론의 대표적인 논리는, "아주 작은 차이가 예측 불가능한 커다란 결과를 낳는다."는 것이다. 카오스 이론에 따른다면 혼돈은 무질서가 아니다. 인간의 협애한 지식을 넘어선 더 복잡한 질서의 체계이다.

이와 관련하여 카오스모스chaosmos라는 말이 있다. 혼돈을 의미하는 카오스chaos와 질서를 의미하는 코스모스cosmos가 합해져서 이루어진 말이다. 현대 과학이 발견한 이러한 카오스모스는 무질서가 아니다. 질서라는 개념도 매우 인간 중심적인 것일 수 있다. 카오스모스는 인간이 생각하는 질서는 아니지만 그보다 더 큰 다른 질서이다. 무질서가 아니라 기존의 질서에서는 볼 수 없었던 더 복잡한 질서이며, 혼돈과 질서가 기묘하게 결합된 세계이다. 그것이 바로 카오스모스이다. 주역에서 말하는 혼돈도 그러하다. 무질서가 아니라 수많은 가능성을 함축하고 있는 기회이다.

혼돈에 빠졌을 때 우리는 쉽게 절망하고 두려움에 젖어 불안해한다. 그것을 감당하지 못한다고 스스로를 책망하기도 한다. 스스로 실패자라고 자신을 규정한다. 불안과 체념과 자책의 순환에 빠지게 된다. 그렇게 되면 자신의 뜻을 버리고 희망을 잃게 된다. 그러나 주역에서 바라보는 혼돈은 불안해할 무질서가 아니라, 대면하여 새로운 질서를 창조하고 변화를 가능케 하는 근본적인 조건이다.

그러나 혼돈의 상황을 한번 새롭게 보라. 혼돈은 혼란의 미로가 아니라 새로운 창조의 기회이다. 자신의 능력을 단련시키고 자신의 신념을 굳게 할 수 있을 것이다. 기죽거나 풀 죽지 말고 자신의 생명력을 느껴야 한다.

> 인간은 하나의 춤추는 별을 탄생시킬 수 있기 위해 자신의 내부에 혼돈을 간직하고 있어야만 한다.
>
> — 니체, 『차라투스트라는 이렇게 말했다』

그러니 혼돈을 겁낼 필요도 없고, 또한 혼돈이 그리 절망적인 것도 아니다. 궁하면 변화하게 되고 변화하면 세상과 소통하게 된다. 마음의 궁핍, 즉 미성숙의 어리석음을 스스로 인정하면 진정한 자기 혁신이 시작된다. 그러면 혼돈은 사라지고 세상과 소통을 이루게 된다. 그래서 둔괘와 몽괘는 주역의 시작이자 변화의 시작이다. 하지만 자기 변화를 위하여 일부러 궁핍해져서 과장할 필요는 없다. 그것은 위악일 수 있다.

4. 변화를 위한 투쟁

자기반성과
싸움

"너 자신을 알라."던 소크라테스는 "음미되지 않는 삶은 가치가 없다."고 했다. 자기반성의 중요성을 강조하는 말이다. 물론 철학은 자기반성의 활동이다. 그렇지만 내적 성찰이 외적 삶과 무관할 수는 없다. 외부의 현실과 싸워 보지 않은 사람은 자신이 누구인지 알지 못한다. 그러므로 싸워 보지 않은 삶은 음미될 가치가 없다.

자기를 반성한다는 건 명백한 자기의식에 도달하는 것이겠지만, '자아'는 '타자'와 무관하게 이해되거나 설명될 수는 없다. 때문에 자기의식은 타자와 관계를 맺는 현실을 매개로 하지 않을 수 없다. 현실에서의 실천을 통해 반성은 더욱 깊고 넓어지며, 또 이를 통해 현실에서의 실천은 새롭게 변화한다. 가장 추상적인 이데아를 추구했던 플라톤에게도 구체적인 현실을 사는 문제가 중요하지 않았을

리 없다. 한 노인이 플라톤에게 덕에 관한 수업에 참여하고 있다고 하자 플라톤은 이렇게 비꼬았다고 한다. "언제쯤이어야 당신은 마침내 덕 있는 삶을 살기 시작할 것입니까?"

자기반성적인 활동으로서 철학은 진리를 추구한다. 그러나 진리에 대한 추구는 현실에서의 실천을 지향할 때 의미를 가진다. "아는 것을 실천하지 않으면 모르는 것이다."라는 소크라테스의 말은 바로 이를 함축한다. 이런 점에서 철학이란 단순한 이론적 지식에 그치지 않고 실천적 힘이 된다. 그러할 때 철학이 우리 삶에 변화를 가져올 수 있다. 철학이란 우리의 삶을 아름답게 만드는 하나의 예술적 기술이다.

니체는 "우리는 우리 삶의 시인이 되려 한다."고 했다. 자신의 인격에 하나의 양식을 부여한다는 의미로, 니체의 말로 표현한다면 "자기 자신이 된다는 것은 자신을 하나의 예술작품으로 창조하는 임무를 감당하는 것"이다. 니체에게 철학은 삶의 시인이 되는 것이었다. 그러나 주의할 것. 시인이 된다는 것이 혼자만의 도취여서는 안 된다. 자기 변화로서의 철학은 현실과의 끊임없는 소통을 지향한다. 혼자만의 도취가 아니라 현실과의 싸움이어야 한다.

공자도 싸워 봤을까. 일면 싸움을 좋아했던 듯하다. 다른 사람과의 싸움 말고 자기와의 싸움 말이다. 공자는 이렇게 탄식했다.

끝이란 말인가. 나는 아직 자신의 잘못을 알고 마음속으로 자신을 반성하는 사람〔內自訟〕을 보지 못했다.

— 『논어』 공야장

또 공자는 싸움을 좋아하지 않기도 했다. 이렇게 말했으니 말이다.

송사를 처리하는 것〔聽訟〕은 나도 남과 비슷할 테지만, 나는 반드시 세상에서 송사가 없게 만들 것이다.

— 『논어』 안연

공자가 말한 자기반성〔內自訟〕에 해당하는 한자는 송訟이며, 타인과의 송사〔聽訟〕를 의미하는 한자도 송이다. 고대에는 이 글자가 자기반성과 타인과의 송사를 모두 의미했다. 하지만 지금은 자기반성이라는 의미보다 주로 사법부에서 이루어지는 소송, 곧 어떤 이득이나 정당성의 문제에 대한 다툼을 의미하는 말로 쓰인다. 그러나 현실과의 싸움을 통하여 자기반성이 가능하다는 점에서 보면 이 글자는 매우 의미심장하다.

주역에도 싸움과 관련된 괘가 있다. 여섯 번째 괘가 바로 송訟괘이다. 천수송天水訟이라고 읽기도 한다. 위로는 하늘을 상징하는 건(☰)괘와, 아래로는 물을 상징하는 감(☵)괘가 합쳐져서 이루어진 괘(䷅)이기 때문이다. 건괘는 양의 성질을 가졌으므로 위로 향하려 하고, 감괘는 물의 성질을 가졌으므로 아래로 향하려 한다. 서로 가려는 방향이 어긋나 있다. 타인과의 싸움, 즉 송사를 상징한다.

이 또한 우연일까. 여섯 번째 괘인 송괘의 모양을 그대로 뒤집어 놓으면 다섯 번째 괘인 수需괘의 모양이 나온다. 수괘는 자기 변화와 성장을 상징한다. 자기와의 싸움이다. 자신과의 싸움을 통하여 변화와 성장을 이루어 나간다. 성장은 영양 공급(먹을 것)이 있어야 가능하다. 먹을 것이 있으면 다투게 마련이다. 그래서 사람들과 싸운다. 성장을 상징하는 다섯 번째 괘인 수괘 다음이 싸움을 상징하는 송괘인 이유이다.

세 번째 괘는 혼돈을 상징하는 든괘이고 네 번째 괘는 어리석은 미성숙을 상징하는 몽괘이다. 밖으로의 혼돈과 안으로의 미성숙은 서로 밀접하게 연관된다. 그리고 다섯 번째 괘가 자기 변화와 성장을 상징하는 수괘이며 여섯 번째 괘가 타인과의 싸움을 상징하는 송괘이다. 안으로의 성숙과 밖으로의 싸움은 서로 긴밀히 연결된다. 안과 밖은 서로 무관하지 않다.

와신상담과
기다림

와신상담臥薪嘗膽. 마음먹은 일을 이루기 위해 괴롭고 힘든 일을 참고 견디는 것을 비유할 때 흔히 쓰는 이 말은 복수에 관한 이야기에서 나왔다. 권력과 힘의 각축장이었던 춘추시대. 오왕吳王 합려闔閭는 월越나라로 쳐들어갔다가 월왕 구천句踐에게 패하여 전사하였다. 합려의 아들인 부차는 아버지의 원수를 잊지 않으려고 '섶 위에서 잠을 자고〔臥薪〕', 자기 방을 드나드는 신하들에게 "부차야, 아비의 원수를 잊었느냐!" 하고 외치게 했다. 그때마다 부차는 임종 때 아버지에게 한 그대로 대답했다. "예, 결코 잊지 않고 3년 안에 꼭 원수를 갚겠나이다." 이처럼 밤낮 없이 복수를 맹세한 부차는 은밀히 군사를 훈련하여 힘을 기르면서 때가 오기만을 기다렸다. 이와 같은 소식을 들은 월왕 구천은 선수를 쳐 먼저 오나라로 쳐들어갔으나 패하고 만다.

월나라 군사는 복수심에 불타는 오나라 군사에 대패하여 회계산會稽山으로 도망간다. 오나라 군사의 포위 속에 진퇴양난에 빠진 구천은 범려의 술책으로 갖은 고역과 모욕을 겪은 끝에 영원히 오나라의 속국이 될 것을 맹세하고 무사히 귀국하였다. 그는 자리 옆에 항상 쓸개를 매달아 놓고 앉아 있을 때나 누워 있을 때나 늘 이 '쓸개를 핥아 쓴맛을 되씹으며〔嘗膽〕"너는 회계의 치욕을 잊었느냐!"며 자신을 채찍질하면서, 밭을 갈고 길쌈하는 농군으로 위장하여 은밀히 군사를 훈련하며 복수의 기회를 노렸다. 월왕 구천이 오나라를 쳐서 이기고 오왕 부차로 하여금 자살하게 한 것은 그로부터 20년 뒤의 일이다.

아무리 원한이 깊을지라도 무모하게 복수를 이룰 수는 없다. 현실은 냉혹한 법. 상대의 힘이 강하다면 상대가 원수라도 인정할 건 인정해야 한다. 자신의 힘을 키울 때까지 원한을 삭일 줄도 알아야 한다. 현실과의 투쟁에서도 마찬가지이다. 무모한 열정은 쓸데없다. 자신을 성장시키는 기다림이 필요하다. 이를 상징하는 것이 다섯 번째 괘인 수괘이다.

음식과
영양 보충

든괘는 혼돈을, 몽괘는 사물이 어린 상태, 즉 미숙함을 상징한다. 미숙한 어린이를 성장시키고 변화시켜야 한다. 하지만 성장과 변화는 단시일 내에 이룰 수 없다. 기다림이 필요하다. 돈괘와 몽괘 다음에 이어지는 다섯 번째 괘인 수괘는 그래서 성장과 기다림을 상징한다.

수괘는 수천수水天需라고 읽는다. 위로는 물을 상징하는 감(☵)괘와, 아래로는 하늘을 상징하는 건(☰)괘가 합쳐져서 이루어진 괘(䷄)이기 때문이다. 여기서 감괘는 위험을, 건괘는 열정에 찬 생명력을 상징한다. 열정에 찬 생명력이 위험 앞에 놓여 있다. 그 생명력은 열정에만 가득 차 있지, 아직 성숙되지도 못하고 경험도 부족한 상태이다. 복수심으로만 가득 찬 어린아이와 같다. 수괘 상전象傳에서는 다음과 같이 묘사하기도 한다.

구름이 하늘 위로 오르는 모습이 수괘이다. 군자는 먹고 마시며 잔치를 열어 즐거워한다. 雲上於天, 需, 君子以飮食宴樂.

구름은 비가 올 징후이다. 구름이 하늘 위로 올라가지만 아직 비는 내리지 못하는 때이다. 이는 대지를 적셔 만물을 키우는 역량이 부족하다는 것이며, 아직 큰 성과를 이룰 정도로 성숙되지 못했다는 의미이다. 그러므로 "먹고 마시며 잔치를 연다."는 것은 영양을 보충하며 기다린다는 말이다. 아직 미성숙하다면 무모한 허욕을 부리기보다 배움을 통해 단련하여 성숙하도록 힘쓸 때이다. 괘사는 이러하다.

기다림에 믿음이 있어서 밝게 형통할 수 있다. 올곧은 뜻을 지켜 나가면 길하다. 그러면 큰 강을 건너도 이롭다. 需, 有孚, 光亨, 貞, 吉, 利涉大川.

수괘에서 말하는 믿음이라는 말에 해당하는 한자는 부孚이다. 이 부라는 한자는 '손톱 조爪'와 '아들 자子'가 결합한 모습이다. 그래서 새가 새끼〔子〕를 까기 위해 발톱〔爪〕으로 열심히 알〔卵〕을 굴리고 있는 모습을 상징한다. 결국 부라는 글자는 '알을 까다'라는 의미를 가진다. 후에 알을 뜻하는 난卵을 덧붙여 알을 깐다는 부孵라는 한자가 나온다. 부화孵化라는 말도 여기서 비롯된다.

"새는 알에서 나오려고 투쟁한다. 알은 세계이다. 태어나려는 자는 하나의 세계를 깨뜨려야만 한다."

헤세의 『데미안』에 나오는 유명한 말이다. 믿음이란 자기 확신이지만 동시에 내적인 정직으로서 진실로부터 나와야 한다. 그것은 마치 알에서 새가 부화되듯이 오랜 기다림을 통해 이루어진다.

진실이 단지 알 속에만 머무는 것이 아니라 부화되어, 현실 속에 실현하려고 하는 성실이 된다. 이 성실함이 정성으로 지속된다면 자기 확신의 믿음이 되고 또 타인들에게 신뢰를 받게 된다. 곧은 뜻이라고 번역한 정貞이라는 글자의 의미가 바로 이를 말한다. 오랜 기다림을 통해서 얻게 된 올곧은 뜻이다.

자기 변화를 위한 성장의 과정에서 주역이 강조하는 것은, 기다림과 더불어 자기 진실과 성실 그리고 믿음이다. 준비되지 않은 채로 거센 파도를 맞서는 것은 무모하다. 감당하지 못할 일은 피해야 한다. 무한 도전도 좋지만 힘도 없이 무모하게 도전하는 모습이란 우스꽝스러운 코미디이다. 기다리는 것이 단지 회피와 비겁만은 아니다. 와신상담도 단지 괴로움을 견디는 것이 아니다. 미래의 과업을 위하여 즐거이 자신의 성장을 위한 고생을 받아들이는 기다림이다. 변화는 오랜 기다림 속에서 온다. 질적인 변화와 혁신을 통하여 지평이 확대되고 현실과 소통을 이룰 수 있다.

인정
투쟁

위에서도 말했듯이, 성장을 의미하는 다섯 번째 수괘를 뒤집으면 싸움을 의미하는 여섯 번째 송괘의 괘 모양이 된다. 둘은 서로 밀접한 관계에 있다. 자신의 올곧은 뜻과 능력을 성장시키는 것은 혼자만의 자기도취적 만족을 위해서가 아니다. 다른 사람들과 함께하는 공적 영역에서 인정을 받아야 한다. 인정 투쟁이 필요한 것이다. 싸움을 의미하는 송괘는 이런 공적 영역에서의 인정 투쟁을 상징한다. 이러한 인정 투쟁을 통하여 자기의 진정성과 정체성이 확립될 수 있다.

"동물은 먹느냐 먹히느냐에 따라 생존하지만, 인간은 규정하느냐 규정당하느냐에 따라 생존한다."는 말이 있다. 일방적인 규정은 폭력과 억압을 가져올 수 있다. 인정 투쟁이란 이런 일방적인 규정에 의한 폭력으로부터 해방되려는 노력이며, 자신의 진정성을 이해시키고 소통시키기 위한 싸움이다. 송괘의 괘사는 이러하다.

싸움이다. 믿음을 가지고, 소통되지 않는 것에 대해 신중하게 대처
하라. 중간에서 멈추면 길하고 끝까지 가면 흉하다. 큰 사람을 만나
면 이롭고 큰 강을 건너려고 하면 이롭지 않다. 訟, 有孚, 窒, 惕, 中吉,
終凶. 利見大人, 不利涉大川.

싸움이란 긍정적인 입장에서 본다면 통하지 않는 것을 소통시켜
조화되도록 하기 위한 첫 단계일 수 있다. 싸워 보지 않으면 자신도
타인도 제대로 알 수 없다. '악플' 보다 더 무서운 것이 '무플' 이라
는 말이 있다. 인간은 싸우면서 서로를 알아 간다.

자기 믿음과 진실이 오해되고 무시될 때 자신이 속한 공동체에서
자기 정체성은 상실된다. 인정 투쟁이란 상실된 자기 정체성을 확
립하려는 싸움이다. 그러므로 오해받거나 무시된 자신을 타인과 소
통시키기 위해서는 우선 자기 믿음을 분명하게 견지하고 있어야 한
다. 자신이 견지하는 가치에 대한 확신과 정당성의 논리를 갖추지
않고서 어떻게 상대와의 싸움에서 이길 수 있겠는가.

그러나 싸움을 통해 서로 소통하려고 할 때 자신만의 편견을 고
집하거나 일방적으로 강제하려는 태도는 위험하다. "소통되지 않는
것에 대해 신중하게 대처하라."는 말은 이런 점을 경고하고 있다.
자신의 견해가 받아들여지지 않는다고 해서 독선적으로 타인에게

강제할 때 폭력이 될 수도 있다. 이 송괘의 다음 괘인 일곱 번째 괘가 군사를 상징하는 사師괘인 것은 이 점을 암시한다. 군사란 무력을 통하여 타인을 복종케 하는 폭력이다.

싸움은 소통을 목적으로 한다. 싸움 그 자체가 목적이 되어서는 안 된다. 이해하고 절충할 줄 아는 능력은 그래서 중요하다. "중간에서 멈추면 길하고 끝까지 가면 흉하다."는 말은, 효과적인 소통과 절충을 통하여 싸움을 멈출 줄 알아야 함을 강조한 것이다.

더불어 싸움이 폭력적이고 강제적인 다툼으로 확대되기 전에 공적인 기구의 중재를 받아 소통과 이해를 꾀할 수도 있다. 그것이 더 효과적이다. "큰 사람을 만나면 이롭다."는 말은 바로 이 점을 말한다.

봄바람과
가을 이슬

송괘는 싸움의 원인을 파악하여 상호 이해와 절충 그리고 공적인 기구를 통해 싸움을 조절해야지, 끝까지 가게 되면 폭력을 불러올 수 있음을 경계한다. 송괘의 첫 번째 효 또한 이 점을 지적한다.

끝까지 소송을 일삼을 것은 아니다. 비난의 말들이 있겠지만, 결국에 가서는 길하다. 不永所事, 小有言, 終吉.

공자는 송사가 없는 사회를 꿈꾸었다. 그러나 인간사에 어찌 이익 다툼이 없을 수 있겠는가. 중국인들은 대체로 법적인 절차에 의한 송사를, 이익을 위해 다투는 일이라고 생각했다. 냉정하게 법적인 해결을 꾀하기보다 양보와 타협, 화해를 통해 분쟁을 해결하는 것이 도덕적이며 인간적이라고 보았다. 이는 법률적인 해결보다 도덕적인 가르침을 더 중요하게 생각했기 때문이다.

『순자荀子』 유좌宥坐편에는 공자가 노나라의 재판관인 사구로 있을 때의 일화가 기록되어 있다. 아버지가 아들을 불효하다고 고발하자, 공자는 이들을 모두 가두고는 심문하지 않았다고 한다. 그리고 백성을 도덕적으로 교화하지 않고 소송만을 심리하는 것은 무고한 자를 죽이는 것이라고 하여 공자 스스로 반성했다. 또한 소송을 일으킨 아버지와 아들을 반성하게 하려는 의도도 있었다. 결국 아버지와 아들은 서로 반성하여 소송을 중지했다. 이는 법에 의한 정치보다 도덕적인 교화에 의한 정치를 더 강조한 것이다.

그러나 현대사회에서 도덕적인 가르침만으로 모든 분쟁을 해결하려는 태도는, 개인의 정당한 권리와 이익을 주장하지 못하게 하는 부정적인 결과를 가져올 수도 있다. 공적인 기구를 통해 분쟁을 합리적으로 해결하려는 태도가 비도덕적이고 비인간적이라고 매도될 수는 없다.

때문에 송괘에서 말하는 '끝까지 일삼지 말라'를, 주변 사람들의 눈치나 체면 때문에 개인의 정당한 이익과 권리를 포기하라는 말로 이해해서는 곤란하다. 물론 양보와 타협을 거쳐서 원만하게 해결하는 것을 의미하지만, 대충대충 좋은 게 좋은 것이라며 싸움의 핵심과 옳고 그름을 얼버무려서 해결하는 것은 아니다. 다음과 같은 일화가 있다.

옛날에 두 사람이 싸우고 있었다. 한 사람은 사칠은 이십칠이라고 하고 다른 한 사람은 이십팔이라고 했다. 사칠은 이십칠이라고 한 사람이 자기주장을 끝끝내 굽히지 않자 계속 싸우게 되고 결국 고을 원님에게 가서 분쟁을 해결하려고 했다. 고을 원님이 두 사람의 이야기를 듣고 나더니, 사칠은 이십칠이라고 한 사람은 무죄석방하고, 사칠은 이십팔이라고 한 사람에게는 곤장 수십 대를 치라고 판결을 내렸다. 곤장을 맞은 이는 당연히 억울했다. 그래서 판결에 대해 따져 물었다. 고을 원님은 다음과 같이 대답했다고 한다.

"사칠은 이십칠이라고 주장할 정도로 멍청한 놈과 끝끝내 싸우는 사람이 더 멍청한 놈이니 널 때리지 않으면 누굴 때리겠느냐?"

분쟁을 할 상대가 아니라면 분쟁을 할 필요도 없다. 또한 싸워야 할 문제가 아닌 걸 가지고 싸우는 것도 문제다. 인간은 이상하다. 싸우면서 자신이 옳지 않음을 느끼면서도 계속해서 싸운다. 단지 자신의 강한 권력에 의지하여, 허영심이나 자만심 때문에 고집과 독선을 부리며 싸움을 끝까지 지속하는 경우도 있다.

그것은 폭력이 될 수도 있다. 그렇게 해서 싸움에 이겼다 해도 어느 누구로부터도 존경과 인정을 받지 못한다. 서로의 감정만 상할 뿐이며 질시와 원한을 낳게 된다. 마지막 여섯 번째 효는 이 점을 경계한다.

혹 싸움에서 이겨 임금으로부터 가죽 띠를 하사받더라도 하루아침도 못 되어 세 번이나 빼앗길 뿐이다. 或錫之鞶帶, 終朝三褫之.

이 세상에 사람이 있은 이래로 송사가 없었던 적은 없다. 공자가 반드시 송사가 없는 세상을 만들겠다고 했지만, 그것은 단지 이상일 뿐이다. 송괘에서도 "먹고 마시는 음식이 있다면 반드시 송사가 있다.(飮食必有訟.)"고 표현한다. 단지 옳고 그름을 어떻게 판단하는가가 문제이다.

싸움은 힘을 겨루는 것이 아니라 가치와 의미를 다투는 일이다. 힘으로 타인을 강제하여 승리를 이루었더라도, 가치와 의미에서 정당성을 이루지 못했다면 남는 것은 수치심뿐이다. 이기고 나서도 창피한 경우가 있다. 그러므로 고집과 독선을 부릴 일이 아니다. 물러나서 그 정당한 승패에 승복할 줄 아는 용기를 갖는 것이 진정한 승리이다. 노자는 싸우지 않고서도 승리하는 것을 진정한 승리라고 말한다.

> 타인을 아는 자를 지혜롭다고 할지 모르지만 자기를 아는 자야말로 지혜롭다. 타인을 이기는 자를 힘세다고 할지 모르지만 자기를 이기는 자야말로 강하다.
>
> ― 노자 『도덕경』

그러니 다음과 같은 말은 깊이 새겨 둘 만하겠다.

남을 대할 때는 봄바람처럼, 자신을 다스릴 때는 가을 이슬처럼. 待
人春風, 持己秋霜

5. 시집가려는 공자

혜강의
「광릉산」

　　　　위진 시대 죽림칠현의 한 사람으로 이름 높았던 혜강은 세속 정치를 혐오하여 강호에 은둔했던 것으로 유명하다. 그는 술을 즐기고 거문고를 뜯고 시를 읊으면서 신선의 세계를 동경했다. 시서詩書에 뛰어났으나 특히 거문고를 좋아했다고 한다. 혜강이 연주한 「광릉산廣陵散」은 천하에 유명하였다. 거기에는 사연이 있었다.

　청년 시절 혜강은 어느 밤 교교히 비치는 달과 반짝이는 별빛에 취해 거문고를 타며 시간 가는 줄을 몰랐다. 그러다가 문득 자신의 거문고 소리에 귀를 기울이고 있는 노인을 발견한다. 이상하여 그 노인에게 거문고를 청해 소리를 들어 보니 자신이 지금껏 들어 보지 못한 천하의 명곡이었다. 심금을 울렸던 것이다. 혜강은 가르침을 청하지 않을 수 없었다. 노인은 그 곡에 담긴 사연을 들려 준다.

그 곡은 광릉이라는 곳에 내려오는 음악으로, 제나라의 자객 섭정이 한나라의 간신 협루를 죽인 고사를 주제로 한 것이었다. 섭정은 의협심 깊은 대장부였다. 섭정은 협루를 죽이고 자신의 얼굴을 알아보지 못하게 하기 위해 자신의 눈·코·귀를 자르고 얼굴을 으깬 다음 자결하였다. 한나라에서는 그 시체가 누구인지를 알아내려고 현상금을 걸었다. 섭정의 누이는 그것이 분명 자신의 동생이며, 누이가 연루될까 두려워 그렇게 얼굴을 으깬 것이라고 생각했다. 그러나 누이는 자신의 안전 때문에 동생의 명예로운 이름을 묻히게 해서는 안 되겠다고 생각하여, 동생의 시체 곁에 다가가 소리 내어 울며 애도하고, 동생의 이름을 사람들에게 알리고 자결했다.

노인은 거문고를 다루는 법은 단순히 손가락을 숙련하는 기술이 아니라, 연주자 자신이 곡에 감정을 이입하여 깊이 젖을 때만이 청중을 감동시킬 수 있다고 충고했다. 그 곡이 바로 「광릉산」이었다.

권력자 종회가 갖가지 죄를 날조하여, 혜강은 불효자를 변호한 죄인으로 몰려 이제 죽음을 앞두었다. 노인의 가르침을 마음속에 담고 있던 그는 그 가르침의 진정한 맛을 자신의 죽음 앞에서 깨닫게 되니, 죽음은 불행이나 깨달음은 기쁨이었다. 그가 죽음 앞에서 담담히 남긴 말은 이렇다.

"탁주 한 잔에 거문고 한 곡이면 그것으로 원이 없다."

그리곤 「광릉산」을 연주할 수 있도록 집행관에게 부탁해서 장렬히 연주하고는 탄식한다.

"오늘에야 비로소 알겠구나. 「광릉산」에 담긴 그 비장함과 애통한 사연을 음률에 어떻게 담아야 하는지를. 인생이란 이래서 오묘한 것인가? 죽음 앞에서 죽음의 참 의미를 깨치게 되다니."

임태승은 『아이콘과 코드』(미술문화, 2006)에서 이 혜강의 심리를 설명한다. 혜강과 더불어 죽림칠현은 정치권력으로부터 떨어져, 고상하고 현묘한 자연의 경지에서 노닐기를 즐겼다고 평가받는다. 모략과 음모와 살육이 판치는 정치권력에 대한 혐오감을 가지고 있었던 것이다. 혜강이 남긴 시에도 이런 혐오감이 드러난다.

제집으로 돌아가는 기러기를 눈으로 물끄러미 떠나보내며, 손으로

명나라 때 화가인 육치는 문징명文徵明과 함께 16세기 소주蘇州 화단을 대표하는 문인 화가이다. 그가 그린 「정금」은 혜강의 시를 정확하게 묘사했다.

거문고를 탄다. 우주를 바라보며 자족하고 현묘한 자연 속에서 내 마음이 노닌다. 目送歸鴻, 手揮五弦. 俯仰自得, 遊心太玄.

문인화풍을 이은 명나라 오파吳派의 한 사람인 육치陸治가 그린 「정금停琴」은 바로 혜강의 시를 정확하게 묘사했다. '정금'이란 '거문고를 멈추고'라는 의미이다. 동진東晉 시대 화가 고개지顧愷之는 혜강의 시를 좋아해서 그를 그림으로 표현했다고 한다. 고개지는 혜강의 위의 시에 대해서 다음과 같이 평을 썼다.

　　손으로 거문고를 타는 것은 쉽지만, 제집으로 돌아가는 기러기를 눈으로 물끄러미 떠나보내는 것은 어렵다. 手揮五弦易, 目送歸鴻難.

왜 기러기를 눈으로 떠나보내는 것이 어려운 일이라고 평했을까? 한동안 나는 그게 의문이었다. 그 의문을 해결하는 열쇠는 '귀歸'라는 글자에 있었다. 제집으로 돌아가는 기러기라는 말에서 '돌아간다'에 해당하는 한자가 귀歸였다. 귀 자는 단순히 집에 돌아간다는 의미만이 아니라 다른 의미도 가지고 있었다.

공자의
꿈

공자의 깊은 속내를 이해하기란 쉽지 않다. 세상을 버리고 산 속으로 은둔했던 미생무微生畝가 공자를 조롱했을 때 공자는 "세상 일에 쉽게 체념하고 은둔하는 그 고집스러움을 미워한다."며 그를 비판했다. 그랬던 공자도 자신을 "인정하여 관직에 써 주면 나아가 서 도를 펼치고 그러지 않으면 물러나 은둔해 버린다."고 말한 적이 있다. 헷갈린다. 공자의 진정한 속내는 어느 쪽일까.

그는 관직에 나가 뜻을 펼치고 싶었던가, 아니면 은둔하고 싶었 던가? 평소 공자의 제자들은 자신을 알아주지 않는 세상에 대해 불 평을 품었던 듯싶다. 공자가 제자들에게 세상이 자신을 알아준다면 무엇을 하고 싶냐고 각자의 꿈에 대해서 물은 적이 있다.

자로는 자신만만하게, 작은 제후국일지라도 예를 따라서 다스릴 수 있다고 호언했다. 염유冉有는 작은 나라를 다스릴 수는 있지만 예악에 관한 일은 자신이 없다고 했다. 어떤 방식이든 모두 정치에 뜻을 두고 있었던 것이다. 조용히 비파를 켜던 증석曾晳에게 묻자 뜻밖의 답을 한다.

늦은 봄 봄옷이 만들어지면 어른 대여섯, 아이 예닐곱과 함께 기수 沂水의 강가에서 물놀이도 하고, 무우舞雩라는 곳에서 봄바람을 쐬고, 노래를 읊으며 돌아오겠습니다.　　　　　　　　　　　—『논어』 선진

공자는 증석의 답에 감탄하며 자신도 증석을 따르겠노라고 말한다. 흔히 증석의 이 말을, 권력 지향적인 욕망을 버리고 자연 속에서 즐거이 노닐고자 하는 마음을 소탈하게 표현한 것이라고 이해한다. 하지만 과연 그럴까?

물론 물놀이를 하고 봄바람을 쐬는 것은 세속의 더러움에서 벗어나 좀 더 고상한 정신의 경지를 즐기는 것임이 분명하다. 이는 세속의 권력욕이 아니라 세속을 벗어나려는 초월적 경지이다. 그러나 공자가 단지 이런 의미에서 증석의 말에 감탄했을까?

여기서는 오히려 노래를 읊으며 즐겁게 '돌아온다'는 말에 초점을 두어야 한다. 이 '돌아온다'는 말에 해당하는 한자 역시 혜강의 시에 나오는 것과 동일한 귀歸이다. 과연 '집으로 돌아가는 기러기를 눈으로 떠나보내는' 것을 왜 어려운 일이라고 평가했으며, 공자가 '노래를 읊으며 돌아온다'는 말에 기쁘게 동의한 까닭은 무엇일까.

예의를 갖춘
사랑

주역에도 '돌아간다'는 의미의 귀 자가 보인다. 그리고 거기에는 다른 의미가 숨겨져 있다. 그 귀 자의 의미는 쉰세 번째 괘인 점漸괘에 잘 드러난다. 점이란 '점차적으로 나아간다'는 의미이다. 점괘는 풍산점風山漸이라고 읽는다. 위로는 나무를 상징하는 손(巽, ☴)괘와, 아래로는 산을 상징하는 간(☶)괘가 합쳐져 이루어진 괘(䷴)이기 때문이다. 산 정상에 나무가 있는 모습이다. 나무가 그렇게 높은 정상에 있는 데는 이유가 있다. 합당한 절차를 밟아 점차적으로 올라갔기 때문이라고 주역은 설명한다. 이 점괘의 괘사가 재미있다.

여자가 시집을 가니 길하다. 올바름을 굳게 지켜야 이롭다. 女歸吉, 利貞.

시집을 간다는 의미로 해석한 한자가 바로 귀歸이다. 그러나 주역에서 '시집간다'는 것은 정치권에 나아감을 의미한다. 즉 지혜로운 군자가 지배자인 군주에게 시집을 간다는 말이다. 그러나 고대에는 시집을 갈 때 엄격한 절차와 예법이 있었다. 그러므로 시집을 갈 때처럼 엄격한 절차와 예법에 따라 극진한 대우를 받으며 정치권에 나아가야 길하다는 말이다. 대우가 소홀한 사람에게 시집을 가서는 안 되며, 그래서는 그 상대와 함께 가정을 꾸려 큰일을 도모할 수 없다는 말이다.

점괘에서 점이라는 한자도 '점차적으로 나아간다'는 뜻으로, 함부로 군주에게 나아가지 않고 절차와 예법에 따라서 나아간다는 의미이다. 이는 자신의 능력을 과신하여 성대한 대접을 받기를 요구하는 오만이 아니다. 어떤 일이든 절차와 예법에 따라 이루어져야 하며, 절차와 예법을 갖추지 않은 일은 거절하는 것이 합당하다는 의미 또한 함축하고 있다.

쉰세 번째 괘인 점괘의 모양을 거꾸로 뒤집으면 쉰네 번째 괘인 귀매歸妹괘가 나온다. 여기서 '귀'라는 한자도 시집간다는 의미이며 '매'는 젊은 여자라는 뜻이다. 젊은 여자가 시집가는 것이 귀매이다. 뇌택귀매雷澤歸妹라고 읽는다. 위로는 우레를 상징하는 진(☳)괘와, 아래로는 연못을 상징하는 태(兌, ☱)괘가 합쳐져서 이루어진 괘(䷵)이기 때문이다. 진괘는 움직임을 상징하고 태괘는 기쁨을 상징한다. 기쁨에 넘쳐서 경거망동하게 움직이는 모습이다. 절차와 예법을 지키지 않고서 함부로 시집가는 철없는 젊은 여자의 모습을 상징한다. 괘사는 이 점을 말해 준다.

함부로 나아가면 흉하다. 이로운 바가 없다. 征凶, 無攸利.

'함부로 나아간다'는 征을 해석한 말이다. 정이라는 한자는 정복한다는 뜻으로, 절차나 예의를 차리지 않고 무력을 행사한다는 말이다. 결국 젊은 여자가 기쁨에 넘쳐 절차나 예법을 차리지 않고 함부로 시집가려는 것을 상징한다. 이는 흉할 뿐만 아니라 자신에게 해가 될 수도 있음을 경고한다.

예법과 절차에 따르지 않고 자신을 함부로 대하는 사람이라면, 자신의 가치를 진정으로 인정하지 않는 사람이기 십상이다. 이런 사람에게 진정한 사랑을 준다는 것은 호랑이에게 먹이를 주는 꼴이다. 사랑에도 예의가 필요하다.

결국 혜강이 '집으로 돌아가는 기러기를 눈으로 떠나보내는' 것은, 세속의 정치권으로 나아가는 일을 단호하고 매정하게 거부하는 고집스러움을 말한다. '노래를 읊으며 돌아오겠다'는 증석의 말은, 자연의 현묘한 경지에서 즐겁게 노닐다가 다시 세속의 정치권으로 돌아옴을 의미한다.

정치권력을 놓고 모략과 음모와 살육이 벌어지는 세속에 대한 혐오감으로 은둔하여 거문고를 타며 자연에서 노니는 것은 쉽다. 그러나 세속에 대한 애정을 잃지 않고 다시 돌아와 세속의 정치에 참여하는 것은 쉽지 않다. 공자가 미워한 것은 혐오감만을 갖고 세속을 떠나 은둔하려는 미생무의 고집스러움이었다.

삼고초려三顧草廬라는 말은 잘 알 것이다. 유비가 제갈공명을 모시기 위해 세 번이나 찾아갔다는 고사에서 나온 말이다. 이는 사람을 초청하여 맞아들일 때 진심으로 정성을 다하고 예의를 갖춘다는 뜻으로 쓰인다. 뛰어난 인재를 구하기 위해서라면 어떠한 노력과 정성도 마다하지 않는다는 것이다. 진정과 더불어 예의를 갖추는 것이 중요하다.

제갈공명은 정치에 뜻이 없이 와룡 언덕에 숨어 살았던 걸까. 제갈공명은 유비가 세 번째 찾아왔을 때 지도까지 펼쳐 놓고 천하의 형세를 설명한다. 그리고 천하통일을 이룰 수 있는 방법이 무엇인지 제시한다. 제갈공명이 세상일에 관심을 갖고 있지 않았다면 이렇게까지 정확한 정보와 전략을 가질 수 없었을 것이다. 숨어 지내면서도 세상으로 나아가 자신의 뜻을 펼칠 기회를 기다리고 있었던 것이다.

이것이 공자의 뜻이었다. 공자의 제자인 자공은 정치권에 나가 자신의 능력을 펼치지 않고 세상에 숨어 있는 공자를 답답해 하면서 이렇게 물었다.

"여기에 아름다운 옥이 있다면 장 속에 감추어 두겠습니까, 좋은 상인을 찾아 팔겠습니까?"

자공은 훌륭한 능력을 가지고 있으면서도 그 능력을 세상에 펼치지 않는 공자가 매우 안타까웠을 것이다. 뛰어난 경세 능력을 가진 자공은 공자를 못난 스승이라고 생각했을지도 모른다.

공자는 이렇게 대답했다.

"팔아야지, 팔아야지. 나는 물건을 잘 볼 줄 아는 상인을 기다리는 사람이다."

공자는 자신의 능력을 진정으로 인정하여, 예의와 절차에 따라 자신을 대우하는 상인을 기다렸던 것이다. 공자는 독신주의자가 아니었다. 공자는 꽃단장을 하고서 즐겁게 시집가고 싶어했다. 그러나 아직은 때가 아니었다. 그래서 공자는 기다렸다.

미래의
징조

　　시집갈 때가 아니라면 물러나야 한다. 사랑은 구걸할 수도, 강제할 수도 없다. 그렇다면 물러설 때는 언제인가. 의롭지 못한 세력이 득세할 때이다. 이는 서른여섯 번째 괘인 명이明夷괘가 상징한다. 이夷가 상傷했다는 뜻이니, 곧 밝음〔明〕이 상했다〔夷〕는 말이다. 지화명이地火明夷라고 읽는다. 땅을 상징하는 곤(☷)괘가 위에, 불을 상징하는 이(離, ☲)괘가 아래에 놓여서 이루어진 괘(䷣)이기 때문이다. 태양이 땅 아래로 내려가 있다. 암흑의 시대이다. 명이괘를 뒤집어 보면 태양이 땅 위로 올라간 모습이다. 화지진火地晉. 서른다섯 번째 괘는 바로 나아간다는 의미의 진괘이다. 명이괘의 괘사는 간단명료하다.

　어려움에 처했어도 자신의 올곧은 뜻을 지킴이 이롭다. 利艱貞.

명이는 힘들고 어려운 상황이다. 그렇더라도 자신의 신념과 뜻을 버린다면 현명한 처세가 아니다. 주역은 현실에 적응하는 처세를 권고하지만, 이는 자신의 이상과 신념을 버리고 현실에 순응하라는 뜻이 아니다. 그렇다고 자신의 뜻만을 고집하기에는 주변의 세력이 만만치 않다. 그래서 단사象辭에서는, "어려움에 처했어도 자신의 올곧은 뜻을 지킴이 이롭다."는 것을, "자신의 밝은 지혜를 감추라."는 뜻으로 풀이한다. 어둠 속에서 빛을 낸다면 쉽게 정체가 드러난다. 모난 돌이 정 맞는다는 속담도 있다. 명이괘의 상사象辭는 다음과 같다.

> 해가 땅속으로 들어가는 모습이 명이다. 군자는 대중에게 나아가되 자신의 총명함을 감춤으로써 오히려 지혜롭게 처신한다. 明入地中, 明夷, 君子以莅衆, 用晦而明.

총명함을 감추고 물러나라는 것이 비겁하게 일신의 안위만을 꾀하라는 말은 아니다. 오히려 낌새를 파악하고서 앞으로 다가올 재앙의 싹을 미리 피하려는 지혜로운 태도이다. 이러한 낌새를 파악하는 능력은 주역이 가장 강조하는 것이지만 쉽지 않다. 그것은 시세의 흐름을 파악하는 것이기도 하다.

계사전에 "기미란 움직임이 일어나는 미세한 조짐이며 길흉이 먼저 드러나는 징조이다."는 말이 있다. 주역이 강조하는 것은 이 사소한 기미로부터 변화의 흐름을 읽고 먼저 행동할 줄 아는 능력이다. 물러나서 어려운 상황이 지나가기를 기다리는 것은 소극적인 저항의 전략일 수 있다.

이 대표적인 괘가 은둔을 상징하는 서른세 번째 괘인 돈遯괘이다. 돈괘는 하늘을 상징하는 건(☰)괘가 위에, 산을 상징하는 간(☶)괘가 아래에 놓여 이루어진 괘(䷠)이다. 아래에 두 개의 음이 올라오고 위로는 네 개의 양이 올라가는 모양이다. 이는 지금 음으로 상징되는 소인들의 세력이 점차 올라오고 있어서 양으로 상징되는 군자들의 세력이 물러서는 모습을 상징한다. 이는 해로움을 피하여 새롭게 힘을 충전하려는 전략적 후퇴이다. 괘사는 간단하다.

은둔은 형통하다. 지나치지 않은 굳셈이 이롭다. 遯, 亨, 小利貞.

은둔이란 자신을 굽히고 물러서는 것이다. 물러서야 할 때가 있다. 현실적인 세력이 약화되었고 시세의 흐름이 바뀌었기 때문이다. '지나치지 않은 굳셈'이 이롭다는 말은, 그저 정의감에 불타서 강한 세력에 대적했다가는 바위에 계란 치기가 되기 십상이므로 자신의 의지를 낮추라는 의미이다.

하지만 일단 나아갔다가도 다시 물러나야 할 때가 있다. 나아감을 상징하는 대표적인 괘는 서른다섯 번째 괘인 진晉괘이다. 진괘란 나아간다는 뜻이다. 화지진火地晉이라고 읽는다. 위로는 불을 상징하는 이(☲)괘와, 아래로는 땅을 상징하는 곤(☷)괘가 합쳐져서 이루어진 괘(䷢)이다. 땅 위로 해가 솟은 모습을 상징한다. 해가 중천을 향해 솟아올라 그 빛을 만물에게 골고루 비추어 주고 있는 모습이다. 현명한 군주가 통치하는 이러한 때에는 나아가 자신의 능력을 인정받아 뜻을 펼쳐야 한다.

그러려면 자신의 뜻을 알아주는 지혜로운 군주를 만나야 한다. 한데 아직 그런 군주를 만나지 못했다면? 진괘의 첫 번째 효는 이런 상황을 암시한다. 첫 번째 효는 가장 낮은 위치에 있는 효로, 아직 능력을 인정받지 못하여 책임 있는 자리에 나가지 못한 사람을 상징한다.

나아간다. 그러나 다시 물러난다. 인내를 가지고 올바름을 지키면 길하다. 신임을 얻지 못했다면 온화하게 있어야 허물이 없다. 晉如摧如, 貞吉, 罔孚, 裕, 无咎.

인정받으려는 욕망은 삶의 중요한 원동력이다. 어쩌면 삶은 인정받기 위한 투쟁인지도 모른다. 하지만 나아갔으나 인정을 받지 못했다면 물러나야 한다. 그러나 사람들은 자신의 뜻과 능력을 인정받지 못했을 때 흔히 빨리 인정받고 싶은 조급함과, 인정받지 못한 데 대한 분노에 빠지기 쉽다. 조급하면 아첨과 비굴에 빠지기 쉽고, 분노하면 원망과 질시에 빠지기 쉽다. 이는 위험할 뿐만 아니라 인정을 받는 데 아무런 도움도 되지 않는다고 주역은 충고한다.

자신이 인정을 받지 못한 이유는 두 가지 경우일 수 있다. 상대방이 어리석어 자신의 진정한 능력과 가치를 알아보지 못하는 경우와, 상대방은 현명하지만 자신의 능력이 부족한 경우이다. 만약 전자라면 상대방의 어리석음을 탓할 수 없다. 어리석은 사람에게 자신의 능력을 알아 달라고 비굴하게 아첨하는 건 자신의 진실을 오히려 손상시키는 것이다. 만약 후자라면 자신의 능력에 대한 냉정한 판단이 요구된다. 자신의 능력이 부족한데도 인정을 구하는 건 사기를 치는 것이니 물러나서 스스로 정진함이 옳다. 괘사에서 인내와 올바름을 지키라는 것과 온화함을 강조하는 것은 바로 이런 맥락이다.

진퇴의
변동

"나아갈 줄만 알고 물러날 줄은 모르며, 보존할 줄만 알고 포기할 줄은 모르며, 얻을 줄만 알고 잃음이 있음은 모른다." 건괘의 문언전에 나오는 말이다. 나아감과 물러남, 보존과 포기, 얻음과 잃음은 인간사에서 흔히 일어나는 일이다. 그러나 인간은 나아감, 보존, 얻음만을 좋은 것이라 여기고 자신에게 이익이 된다고 생각하기 쉽다. 눈앞의 이익만을 고집하여 전체를 보지 못하기 때문이다.

북송 시대 유학자인 정이천은 주역을 '진퇴進退의 도리'가 담긴 경전이라고 규정했다. 진퇴란 나아감과 물러섬을 의미한다. 어느 영역이건 어느 장소이건 나아갈 때와 물러날 때가, 그리고 그 도리가 있다. 특히 권력과 부귀 그리고 공명이 관련된 영역에서는 진퇴가 분명해야 한다. 중국의 사상가들은 이 진퇴가 군자와 소인을 가

름하는 중요한 기준이라고 생각했다. 북송 시대 정치가이자 사학자인 사마광司馬光은 또 이렇게 말했다.

군자는 중요한 지위를 주어도 사양하고 좀처럼 받아들이려 하지 않는다. 그러나 그 자리를 떠나도록 지시받으면 지체하지 않고 물러나 진퇴가 깨끗하다. 하지만 소인은 그 반대로 행하니, 한번 얻은 지위에 끝까지 집착해 내놓을 생각을 않는다. 만일 그것을 억지로 내놓도록 하면 반드시 한恨을 품어 마침내 원수가 되고 만다.

— 사마광, 『자치통감』

이러한 정신은, 권세와 부귀를 거절하는 것이 아니라 그에 따라 오는 비굴함을 거절하는 것이며, 공명을 거절하는 것이 아니라 공명에 섞여 있는 저열함을 거절하는 것이다.

이 진퇴의 문제를, 적절한 때와 관련된 균형 감각이라고 설명하는 괘가 바로 간艮괘이다. 간위산艮爲山이라고 읽는다. 산을 상징하는 간(☶)괘가 위아래로 나란히 연결되어 이루어진 괘(☶)이기 때문이다. 간괘는 두 사람이 등을 돌리고 멈춰 서 있는 모습이다. 그래서 멈춤의 의미를 가진다. 멈춘다는 것은 억제하고 안정을 취하는 것을 의미하기도 한다. 과도하지 않고 적절하게 조절하고 멈추는 것을 말한다. 그러나 이 멈춤의 의미를, 욕망을 억제하는 것이나 소극적으로 멈추어 선다는 것으로 오해해서는 안 된다. 등을 돌린다는 것은, 등을 돌려야 할 때가 언제인지를 분명히 알고 또 그것을 단호하게 실천하는 결단도 포함한다. 따라서 '멈춤'이란 고도의 적극성과 자제력으로 현실이 흘러가는 상황을 판단하여, '등을 돌려 멈추어야 할 때가 언제인지를 분명히 앎'을 내포한다. 이 괘의 단사彖辭는 이러한 점을 명확히 밝혀 준다.

간이란 멈춤이다. 그러나 그냥 멈추는 것이 아니라, 머물러야 할 때 머무르고 가야 할 때 가는 것이다. 마음의 욕망이 움직이거나 고요히 냉정해지는 순간에 모두 때를 잃지 않으면 그 도는 밝게 빛이 난다. 艮, 止也. 時止則止, 時行則行, 動靜不失其時, 其道光明.

머물러야 할 때 머무르는 것이 멈춤이지만, 가야 할 때 가는 것도 멈춤이다. 자신의 욕망을 억제해야 할 때 억제하는 것이 멈춤이지만, 욕망을 발현해야 할 때 발현하는 것도 멈춤이다. 문제는 너무 과도하거나 모자라지 않게, 늦거나 빠르지 않게 표현하는 것이다. 욕망해야 할 것과 욕망해야 할 때를 아는 것이 중요하다. 그것은 언제나 너무 과하거나 모자라서 혹은 너무 늦거나 빨라서 탈이다.

머물러야 할 때 머무르고 가야 할 때 가려면, 냉정한 판단과 단호한 용기가 필요하다. 간괘가 말하고자 하는 바는 바로 이것이다. 간괘가 상징하는 산山이 이를 잘 말해 준다. 산은 고요하여 말이 없다. 냉정하다. 냉정한 판단과 지혜를 함축한다. 그리고 꿈쩍하지 않는다. 움직이지 않고 듬직하게 멈추어 있다. 단호하다. 단호한 용기이다. 등을 돌려야 할 때를 아는 냉정한 판단도 중요하지만, 그것을 알았다면 단호한 용기로 등을 돌려야 한다. 냉정하고 신중한 판단과 단호한 실천 그리고 때를 아는 지혜가 멈춤의 요소이다. 그래서 때를 잃지 않는 균형 감각은 주역에서 가장 중요한 덕목이다.

철부지란 말이 있다. 원래 철부지란 절부지節不知, 즉 절기를 모르는 사람을 말한다. 절기란 시절時節이다. 시절은 상황이 흘러가는 마디를 의미한다. 결국 철부지란 때의 흐름과 마디를 모르는 사람을 말한다. 때에 맞게 적절한 행위를 하는 것, 그러한 균형 감각을 잃지 않는 것이 바로 주역이 지향하는 바이다. 주역은 변통에 관한 책이다. 계사전에는 변통을 다음과 같이 말한다.

변통이란 시세를 헤아려 그 시세를 따라 변통하는 것이다. 變通者, 趣
時者也.

정이천(1033~1107)

자는 정숙正叔, 호는 이천伊川이다. 하남성 낙양 출신으로, 형 정호와 함께 이정자二程子라고 불린다. 북송 시대 도학의 새로운 물줄기를 열어 이학理學의 선구자로 불린다. 이후 주자에 의해 계승되어 중국철학 사상의 주류가 된다. 주로 정주학程朱學으로 알려졌다. 이는 의리역학의 최고로 평가된다. 그는 학문에 방해가 된다고 하여 과거 시험을 거부하고 관직에 오르지 않았다. 만년에 사마광 등의 추천으로 국자감 교수가 되어 몇몇 관직을 역임했다. 정치적인 당화黨禍를 입어 배주涪州로 귀양 간 일도 있다.

●●●
가을 이슬이라고 불릴 정도로 엄격한 삶을 살았던 정이천은 서양철학의 아버지인 데카르트에 견줄 만하다.

형 정호를 봄바람을 뜻하는 춘풍春風이라 칭하고, 아우 이천을 가을 이슬을 뜻하는 추상秋霜이라고 칭하는 것으로 보아, 성격이 매우 날카롭고 엄격했던 듯싶다. 그의 성격을 잘 드러내 주는 일화로 정문입설程門立雪이라는 고사가 있다. 제자들이 스승 정이천을 찾아갔을 때 이천은 정좌를 하고 있었다. 제자들은 스승이 눈을 뜨기를 서서 기다렸다. 이천이 눈을 떴을 때 제자들이 아직도 서 있는 것을 보고 깜짝 놀라 물었다. "아직 돌아가지 않았는가." 제자들이 밖에 나와 보니 눈이 무릎까지 찼다는 이야기이다. 주로 제자가 스승을 두려워하여 극진히 모신다는 의미로 쓰인다. 저서로 『역전易傳』이 있다.

6. 차이의 소통과 연대

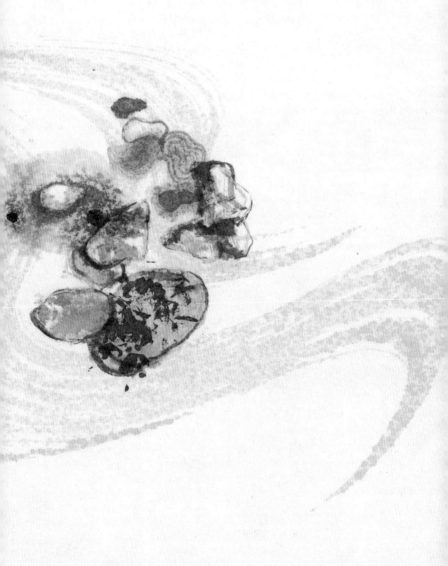

모노산달로스와
예의

　　모노산달로스Monosandalos. 그리스 신화의 이올코스 왕자 이아손에 관한 이야기 속에 나오는 말이다. 이는 '외짝 신발 사나이'라는 뜻이다. '하나'를 뜻하는 '모노mono'에, 슬리퍼 비슷한 '샌들sandal'의 어원이 된 '산달로스sandalos', 즉 가죽신이 합쳐진 말이다. 그러니까 한 짝 신을 잃어버린 사람이다. 그리스·로마 신화를 오랫동안 연구한 이윤기는 여기서 말하는 신을 '자기 정체성'과 관련시켜서, 정체성 상실과 복원에 관한 이야기로 해석한다.

　　그러나 이것을, 신을 신는 발과, 발을 해칠 수 있는 거친 땅과 관련해서 달리 생각해 볼 수도 있다. 신은 발과 거친 땅 사이에 개입되어 있다. 문명화된 인간은 거친 땅을 맨발로 밟지 않는다. 신을 신고 거친 땅을 걷는다.

여기에 묘한 상징성이 있다. 인간의 발이 외부의 땅과 직접적으로 관계하지 않고 신이라는 매개물을 통한다는 점이다. 인간은 신을 매개로 하여 자연과 접촉한다. 신을 통하여 외부 세계와 관계한다. 신은 현실에서의 실천 수단이다. 인간은 자신의 뜻을 현실에서 실천할 수 있는 매개 수단을 가지고 있다.

주역에도 바로 이러한 신을 상징하는 괘가 있다. 바로 열 번째 괘인 이履괘이다. 이履라는 한자는 원래 신의 의미를 가지고 있다. 그래서 이괘는 신을 신고 걷는다 혹은 밟는다는 뜻을 가지고 있다. 더 나아가 현실에서의 실천과 적절한 행위 혹은 올바른 방식을 뜻하는 예禮를 상징하는 괘이다.

이괘는 천택리天澤履라고 읽는다. 위로는 하늘을 상징하는 건(☰)괘와, 아래로는 연못을 상징하는 태(☱)괘가 합쳐서 이루어진 괘(䷘)이기 때문이다. 하늘이 위에 있고 연못이 아래에 있음은 당연한 일이다. 그렇듯이 자연 세계의 만물에는 위와 아래, 크고 작음, 높고 낮음, 강함과 약함 등의 차이가 있다. 인간 사회 역시 이러한 차이가 없을 수 없다. 차이가 있기에 다툼이 일어난다. 다툼을 조절하고 다툼 속에서 자신을 지킬 수 있는 수단이 예의이다. 예의는 곧 차이를 조절하는 적절한 방식이다.

이괘의 괘사에 나타난 상징은 독특하다.

호랑이 꼬리를 밟더라도 사람이 물려 죽지 않는다. 형통하다. 履虎尾,

不咥人, 亨.

호랑이 꼬리를 잘못 밟아 호랑이의 성질을 건드리면 물려 죽고
만다. 그런데 호랑이 꼬리를 밟았는데도 물려 죽지 않았다. 왜? 신
을 신었기 때문이다. 때로 현실은 사나운 호랑이보다도 더 포악하
다. 신을 신었다는 것은 이렇게 거친 현실과 관계하면서 외적 형식,
곧 예를 갖추어 행함을 의미하기도 한다. 어떻게 예를 갖추었기에
포악한 호랑이에게 물리지 않을 수 있었을까.

공자의
화이부동

공자가 세상 사람들과 어울리고 연대하는 모습은 '화이부동 和而不同'이라는 말로 묘사된다. 이는 "타인과 조화를 이루되 함부로 어울리지 않는다."는 의미이다.

그러나 '조화를 이룬다'는 '화和'와 '함부로 어울린다'는 '동同'이라는 한자는 어떻게 다른 걸까. 『춘추좌전春秋左傳』소공昭公 이십년조에 이 둘의 차이를 음식을 요리하는 것에 빗대어 설명하는 대목이 있다. 안자晏子가 제나라 군주에게 아첨하는 신하를, 함부로 어울리는〔同〕사람이라고 비난하며 말한다.

조화를 이룬다는 화和란 국을 만드는 것과 같다. 국은 물, 식초, 간장, 소금을 넣고 물고기나 고기를 삶는 요리인데, 나무를 때서 요리하다가 요리사가 그 맛을 맞출 때, 조미료를 넣어 맛의 부족함을 채우고 지나친 점을 덜게 한다. 그래서 그 국을 먹은 사람의 마음을 편안하게 하는 것이다. 군주와 신하 사이도 마찬가지이다. 군주가 좋다고 하더라도 좋지 못한 점이 있으면 신하는 좋지 못한 점을 말하여 고칠 수 있도록 하고, 군주가 좋지 않다고 하더라도 좋은 점이 있으면 그것을 말하여 좋지 못한 점을 없앨 수 있도록 한다.

안자의 설명에 따른다면, 군주와 신하가 '조화를 이룬다'는 것은, 좋은 게 좋다는 식으로 두루뭉술하게 어울리는 것이 아니다. 옳은 것과 그른 것, 좋은 것과 좋지 않은 것의 차이를 명확하게 분별하고 말할 수 있는 관계가 조화를 이루는 관계이다. 이와 반대로 '함부로 어울린다'는 것은, 옳은 것과 그른 것을 분명히 분별하지 않은 채 타인에게 아첨하고 굴종하면서, 혹은 마음속으로는 다른 속셈을 품고서 어울리려는 태도를 말한다.

공자는 뜻이 맞지 않는 사람과 다른 속셈을 품고 비굴하게 아첨하면서 어울리지도, 그렇다고 그들을 적대하여 고립을 자초하지도 않았다. 사람을 좋아하되 그의 단점을 알고서 좋아하며, 사람을 증오하되 그의 장점을 알고서 증오한다는 말이 있다. 인간은 대체로 자기를 좋아하는 사람을 좋아하고 자신을 미워하는 사람을 미워하게 마련이다. 이는 공자가 말하는 조화를 이루려는 태도가 아니라 오히려 함부로 어울리는 태도이다. 그래서 공자는 이렇게 말한다.

오직 인을 이룬 사람만이 사람을 사랑할 수도 있고 사람을 미워할
수도 있다.　　　　　　　　　　　　　　　　　　—「논어」 이인

여기서 중요한 것은 '오직'이라는 단어이다. 이는 인을 이루지
못한 사람들은, 진정으로 사랑하고 미워할 줄 모른다는 의미를 감
추고 있다.

계사전에는 "이괘는 조화로써 행한다.(履以和行.)"는 말이 있는데,
이괘는 예와 관련이 깊지만 동시에 조화로써 행함을 의미하기도 한
다. 그런 점에서 예와 조화는 밀접하게 관련된다.『논어』도 이를 지
적한다.

예의 가장 중요한 기능은 조화를 이루는 것이다. ……그러나 제대로
행해지지 않는 경우가 있다. 조화만을 알아서 조화시키려고만 하고 예
로써 조절하지 않는다면 또한 제대로 행해질 수가 없다.

　　　　　　　　　　　　　　　　　　　—『논어』 학이

예는 조화와 관련되지만 조화란 조절(節)을 의미한다. 모든 것이
똑같다면 조절이란 일어나지 않는다. 바로 차이가 있기 때문에 조
절이 가능하고 변화가 생성된다. 위와 아래, 높고 낮음, 많고 적음,
크고 작음 등의 차이가 없다면 조절은 성립될 수 없다. 그런 점에서
예란 다양한 차이를 조절하는 절도와 기준이기도 하다.

차이의
정치학

　　흔히들 예를 낡아빠진 권위주의로, 우리를 억압하는 봉건적 잔재로 치부해 버리곤 한다. 하지만 『순자』 예론 禮論에는 예가 일어나게 된 원인을 다음과 같이 서술한다.

　　예란 어떻게 생겨났는가. 사람은 태어나면서부터 욕구가 있다. 욕구를 충족시키지 못하면 그것을 충족시키려고 한다. 그러나 욕구를 충족하려 할 때 적당한 절도와 제한이 없으면 싸움이 일어나게 된다. 서로 다투면 혼란해지고 혼란해지면 궁핍하게 된다.

　　순자에 따르면, 예가 생겨난 원인은 서로 다른 욕망들이 부딪치기 때문이다. 예란 서로 다른 욕구들을 조절하기 위한 객관적인 기준으로 마련된 것이다. 사회를 이루어 집단생활을 하는 것은 인간의 중요한 특성이다. 그럴 때의 예란 사회의 조직 원리라고 하겠다. 차이를 분별하는 체계이며, 서로 차이 나는 것들이 부딪쳐 막히지 않도록 소통시키는 형식이다. 이괘는 다음과 같이 말한다.

군자는 위와 아래의 차이를 분별하여 백성들의 뜻을 혼란되지 않도록 안정시킨다. 君子以辨上下, 定民志.

우리는 평등을 소리 높여 외치지만, 불행히도 이 세상은 전혀 평등하지 않다. 만물은 동일하지 않고 다양한 차이를 보인다. 주역은 대동大同을 지향하지만, 이러한 엄연한 사실을 외면하지 않는다. 계사전은 다음과 같이 표현한다.

하늘은 높고 땅은 낮으니 건의 기능과 곤의 기능이 정해졌다. 낮고 높음이 이루어지니 귀함과 천함의 지위가 있게 된다. 天尊地卑, 乾坤定矣. 卑高以陳, 貴賤位矣.

이 차이 지움은 정치적 불평등이나 상하 수직적인 권위 체계의 주장이 아니라 기능적인 차이의 구별로 해석할 수 있다. 우선 차이를 인정하고 차이 나는 것들 간의 소통과 통합의 가능성을 모색한다.

하늘과 땅은 서로 분리되어 있지만 도모하는 일은 동일하고, 남자와 여자는 떨어져 있지만 서로 구하는 뜻은 소통하며, 만물은 다양하게 차이가 나지만 그것들이 하는 일은 비슷하다. 天地睽而其事同也, 男女睽而其志通也, 萬物睽而其事類也.

이는 서른여덟 번째 괘인 규睽괘에 나오는 말이다. 규괘는 분열을 상징하는 괘이지만, 내용적으로는 그러한 분열을 극복하여 소통과 통합을 이루어 내는 과정을 묘사한다. 상하를 구분하고 차이를 분별하는 것은 불평등 구조를 공고히하기 위해서가 아니다. 오히려 차이는 사회적 소통과 통합의 연대를 가능하게 하는 조건이다. 이 규괘의 상사는 다음과 같다.

군자는 동일한 점을 찾으면서도 차이를 구별한다. 君子以同而異.

예를 상징하는 이괘 다음에 이어지는 괘는, 막히지 않고 소통되는 태평성대를 상징하는 태泰괘이다. 이러한 괘의 순서는, 차이의 체계인 예를 통하여 조화를 이룰 때 소통이 이루어진다는 점을 그대로 드러내 보여 준다.

진실과
배려

　　이런 점에서 볼 때 현대적 의미의 예란 타인과 더불어 자신을 배려하는 섬세한 형식이며, 자신의 뜻을 표현하고 타인의 뜻과 소통하는 방식이다. 신이 땅으로부터 발을 보호하면서도 땅 위를 걸을 수 있도록 해 주는 것처럼 말이다. 이러한 상호 이해와 배려를 통하여 욕망의 충돌과 상호 오해에서 비롯되는 다툼을 방지할 수 있다.

　　주역에서 말하는 인간은, 홀로 고립되지 않고 공동체와 긴밀히 결속되어 있으면서 공동체가 지향하는 공동선을 추구하는 사회적 존재이다. 따라서 공동체 내의 소통과 조화가 무엇보다 중요하다.

　　하지만 조화하기 위해 자신을 버리고 다른 사람들을 좇기만 한다면, 이는 단지 조화를 위한 조화일 뿐이다. 조화하되, 개별자들이 가진 본질적 가치인 자기 진실이 포기되어서는 안 된다. 소통이란 막힘없이 서로 잘 통하는 상태이다. 무엇이 잘 통하는가? 서로의 진실한 뜻이다.

소통을 상징하는 대표적인 괘는 열한 번째 태괘이다.

하늘과 땅이 교류하니 만물이 소통되며, 윗사람과 아랫사람이 교류하니 그들의 진실한 뜻이 동일하게 된다. 天地交而萬物通也, 上下交而其志同也.

소통의 기본은 자신의 진실을 이해하고 이해시키는 일이다. 예순한 번째 괘인 중부中孚괘는 이런 점을 잘 설명해 준다. 중부란 마음의 진실로써 타인에게 영향을 미치고 신뢰를 얻음을 상징한다. 풍택중부風澤中孚라고 읽는다. 바람을 상징하는 손(☴)괘가 위에, 연못을 상징하는 태(☱)괘가 아래에 놓여 이루어진 괘(☴)이기 때문이다. 연못 위에 바람이 부는 모습이다. 바람이 연못을 조용히 흔든다. 진실이 바람처럼 타인의 마음을 흔들어서 감동하게 만드는 모습을 상징한다.

중부괘의 괘사는 바로 이러한 감화력을 묘사한다.

중부는 돼지와 물고기에게도 감동을 미치니 길하다. 이러하니, 큰 강을 건널지라도 이롭다. 하지만 자신의 곧은 신념을 굳게 지켜 나가는 것이 이롭다. 中孚, 豚魚吉, 利涉大川, 利貞.

물고기는 가장 깊은 곳에 사는 생물이요, 돼지는 가장 미천한 짐승이다. 물고기는 흐리멍텅하고 돼지는 조급하다. 감동시키기에 가장 힘든 짐승들이다. 하지만 이런 미물까지 감동하니 다른 것들은 얼마나 감동하겠는가. 그리하여 자신의 뜻이 만물과 동화된다. 동화된다는 건 자신의 뜻을 버리는 것이 아니다. 오히려 각자의 온전한 뜻을 융통시키는 것이다.

상호 소통을 위해서는 진실이 중요하지만, 그것만으로 소통이 이루어지지는 않는다. 좋은 뜻이 반드시 좋은 결과로 이어지지는 않는다. 소통이란 일방적이지 않고 쌍방적이다. 상호 소통을 위해서는 상호 이해와 상대방에 대한 배려 또한 필요하다.

타인에 대한 사랑이 있다고 해도, 그것이 적절한 외적 형식을 통해 표현되지 않으면 전달될 수 없다. 전달되지 않는 사랑은 어쩌면 진정한 사랑이 아닐 수도 있다. 또 타인에게 감사함을 느끼더라도, 그것을 외적 형식을 갖춰 표현하지 않으면 그 마음이 진정한 것이 아닐 수도 있다.

배려와 예의는 자기와 타인을 모두 고려하는 것이다. 신이 발과 땅 사이를 매개하듯이, 배려와 예의는 우리 자신과 현실 사이를 매개한다. 문제가 되는 것은 현실을 헤아리지 않고 덤비는 무모함이다. 이괘의 세 번째 효는 호랑이의 꼬리를 밟고 물려 죽은 사람을 상징한다. 효사는 이렇다.

애꾸눈이 애써 보려고 하고, 절뚝발이가 애써 가려고 하니, 호랑이 꼬리를 밟고 물리니 흉하다. 眇能視, 跛能履, 履虎尾, 咥人, 凶.

이 효는 화를 자초하여 결국 호랑이한테 물린 경우이다. 애꾸눈이 애써 보려고 하는 것은 자신의 능력이 충분하지 못하면서도 섣불리 욕심을 부리는 것을 상징하며, 절뚝발이가 애써 가려고 하는 것은 균형 감각을 잃은 처신을 상징한다. 이 진실과 배려가 전제된 소통과 감응은, 사회 공동체의 연대와 협력을 가능케 하는 조건이기도 하다.

금란지교와
연대

연대와 조화의 모습을 상징하는 대표적인 괘는 열세 번째 동인同人괘이다. 천화동인天火同人이라고 읽는다. 위로는 하늘을 상징하는 건(☰)괘와, 아래로는 불을 상징하는 이(☲)괘가 합쳐서 이루어진 괘(䷌)이기 때문이다. 하늘은 강건함을 상징하고 불은 밝음, 명백함을 상징한다. 동인괘는 열두 번째 괘인 비괘 다음의 괘이다. 비괘는 소통이 이루어지지 않는 상황을 상징하는 대표적인 괘이다. 주역의 정신은 무엇인가. 모든 것은 변화한다는 것이다. 막힘이 극한에 이르면 통하는 법이다.

어떤 사물도 끝까지 막힐 수는 없다. 소통되지 않는 상황이 지속되면 사람들은 함께 소통하여 연대를 이루고자 한다. 그러므로 동인괘로 이어진다. 강건함을 상징하는 건괘와, 밝음과 명백함을 상징하는 이괘가 나란히 배열된 것은, 연대를 위해서는 각 구성원들이 동의할 수 있는 명백한 지향점이 필요하다는 점을 보여 준다. 괘사 또한 이를 언급한다.

넓은 들판에서 사람과 뜻을 함께하니 형통하다. 큰 강을 건너는 것이 이롭고, 군자는 마음속에 올바름을 지키고 있는 것이 이롭다. 同人于野, 亨, 利涉大川, 利君子貞.

왜 들판(野)에서 연대하는가. 어두운 밀실이어서는 안 된다. 연대의 이념과 목적이 명명백백해야 하며 공명정대해야 한다. 공동의 이념이 필요하다. 그것이 바로 하늘을 상징하는 건괘와, 불을 상징하는 이괘가 의미하는 바이다. 하늘도 밝고 불도 밝다. 밝다는 건 명백하다는 것이다. 이는 자신의 뜻과 목적 또한 명명백백해야 함을 의미한다. 자기 기만과 아첨에 의한 연대는 거짓된 것이어서, 배신이나 다른 속셈에 의해 언제든 깨어지게 마련이다. 자신의 뜻을 유지하면서 세상 사람들과 소통할 때 연대는 더욱 굳건해지는 법이다. 이는 공자의 '화이부동'과 일맥상통한다.

'금란지교金蘭之交'라는 말을 들어 보았을 것이다. 가장 우애가 두터운 친구 사이를 나타낼 때 흔히 쓰는 말이다. 바로 이 동인괘에서 금란지교가 나왔다.

두 사람이 마음을 함께하니 그 예리함은 쇠를 자를 정도이고, 마음을 함께한 말은 그 향기가 난초와 같다. 二人同心, 其利斷金, 同心之言, 其臭如蘭.

금란지교란 쇠를 자를 정도의 예리함과, 난초와 같은 향기를 지닌 관계라는 의미이다. 동인괘는 목적을 공유하여 금란지교와 같은 연대를 이룸을 의미한다. 이 괘는, 마음을 함께한 사람들이 갖는 신뢰의 굳건함과 아름다움을 상징한다.

그러나 마음을 함께한다는 말이 획일적으로 동일한 마음을 갖는다는 의미는 아니다. 오히려 사람들이 마음을 함께할 수 있기 위해서는 현실적인 차이를 구분하는 것이 필요하다고 동인괘는 말한다.

군자는 이를 본받아 종류에 따라서 나누어 사물들의 차이를 구별 짓는다. 君子以類族辨物.

종류에 따라서 나누고 차이를 구별 짓는 것이 배타적인 집단주의나 혈연주의를 조장하려는 것은 아니다. 특수한 이익집단으로 파벌을 형성하라는 것도 아니다. 공동체가 연대하여 효율적으로 운영되려면, 공동선의 추구와 함께, 조직과 기능의 차이를 구별하고 상호 역할을 나누는 것이 필요하다는 말이다.

세상은 모두 동일한 것으로 돌아오지만 그것으로 향하는 길은 다양

하고, 모두 하나에 이르지만 그것에 대해 생각하는 방식은 다양하
다. 天下同歸而殊塗, 一致而百慮.

주역 계사전에 나오는 말이다. 자연은 동일하지 않다. 차이가 있
다. 이렇게 차이 나는 것들 사이의 차이를 없애 동일화하는 것은 오
히려 폭력일 수 있다. 문제 삼아야 하는 건 차이 지움이 아니라, 차
이를 차별로 만들어 버리는 불공정한 원칙과 기준이다. 무엇보다도
중요한 건 차이를 조절하여 조화시키는 공명정대한 원칙과 기준을
만드는 것이다. 그러나 인간이 차이를 차별로 만들어 버리거나, 억
압적으로 동일성을 강제한다는 데 문제가 있다.

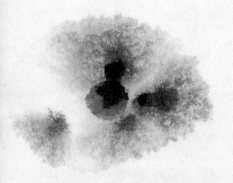

7. 우물과 큰 수레

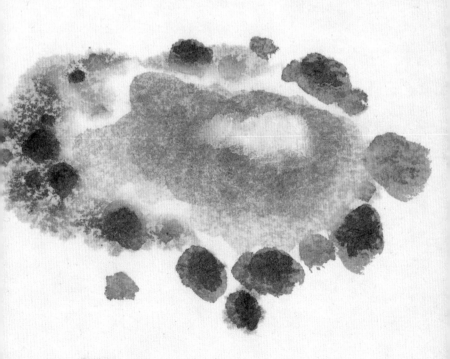

아레테와
덕

진정으로 그 사람이 아니라면 도는 헛되이 행하지 않는다. 苟非其人,
道不虛行.

계사전에 나오는 말이다. 도의 현대적인 의미는 진리이다. 『성경』
은 "진리가 너희를 자유롭게 하리라."고 말한다. 진리란 그리스어로
아레테이아aletheia이다. '감추어진 것이 드러난다'는 의미이다.

그러나 감추어진 것이 저절로 드러나지는 않는다. 감추어진 것이
드러나려면 우리 인간이 개입할 수밖에 없다. 진리가 우리를 자유
롭게 하지만, 그러려면 우선 우리가 먼저 감추어진 것을 드러나게
해야 한다. 진리가 우리를 자유롭게 하려면, 우리가 먼저 진리를 자
유롭게 해야 한다.

공자가 "인간이 도를 넓힐 수 있는 것이지, 도가 인간을 넓히는 것은 아니다."고 했듯이, 주역도 적극적인 인간의 창조성을 강조한다. 계사전에는 이런 말이 나온다.

세상의 복잡하고 다양한 삶의 모습을 지극하게 담아낸 것은 괘이고, 세상 사람들의 행위를 고무시키는 것은 효에 나타나 있다. ……이러한 것들을 신묘하게 드러내어 명백하게 밝히는 것은 바로 사람에게 달려 있고, 그것을 말없이 이루어 내어서 말하지 않아도 사람들이 신뢰할 수 있도록 만드는 것은 오직 덕행德行에 달려 있다.

주역은 덕행을 수양하는 경전이다. 현대사회에서는 덕德이라는 말이 윤리와 관련된 덕목을 뜻하는 좁은 의미로만 사용되고 있다. 주역에서 말하는 덕행이란 윤리적으로 선한 행위만을 의미하지 않는다. 오히려 자신이 처한 환경에서 최선의 것을 창조해 낼 수 있는 기술이자 삶을 예술적으로 만드는 능력, 곧 진리를 드러내는 능력을 의미한다.

그리스에도 이러한 덕과 유사한 아레테arete라는 단어가 있다. 처음에는 좁은 의미의 윤리적인 덕목을 뜻하는 'virtue'라는 단어로 잘못 번역되었으나, 이것의 영어 번역어로는 'excellence'가 적절하다고 한다. 이는 탁월함, 곧 인간의 탁월한 능력을 의미한다. 아레테는 단지 도덕적인 의미만을 갖는 것이 아니라, '사물이 그 잠재된 본성을 최대한 실현하는 탁월한 능력'을 뜻한다.

주역에서 말하는 덕은, 잠재된 본성을 실현하는 개인의 탁월성만이 아니라, 다른 사람들의 본성도 실현되도록 실천하는 능력까지 포함한다. 주역에서는 개인의 덕을 언제나 사회 차원의 공功과 함께 논의한다. 개인의 덕은 홀로 만족하는 것이 아니라 반드시 사회적 실천을 지향해야 함을 강조한다.

주역은 지극하구나. 주역을 통하여 성인은 덕을 높이고 공을 넓혔다. 易其至矣乎! 夫易, 聖人所以崇德而廣業也.

성대한 덕과 광대한 공이여! 풍부하게 모든 사람이 소유할 수 있는 것이 위대한 공이고, 날로 새로워지는 것이 성대한 덕이다. 盛德大業至矣哉. 富有之謂大業, 日新之謂盛德.

숭덕광업崇德廣業. 개인적 능력을 높이되, 혼자만의 만족이 아니라 사회적 실천을 통하여 공을 넓혀야 한다는 뜻이다. 그것이 변통이다. 변통의 능력이란, 주어진 상황과 현실에 가장 적절하며, 유연한 방식으로 최대한의 효과를 창출해 낼 수 있는 능력이다.

우물과
맑은 물

　　　주역에서 덕을 상징하는 괘는 마흔여덟 번째 정井괘이
다. 정이란 우물이다. 우물은 깊은 원천으로서 차디찬 물을 가지고
있고 그 물을 사람들에게 풍부하게 나누어 주면서도 결코 마르지
않고 항시 새로워진다. 이 괘는 스스로를 위해 모든 것을 독점적으
로 축적하기보다, 우물물처럼 끊임없이 베풀어 타인의 성장을 도움
으로써 자신의 성숙과 행복을 이룰 수 있음을 말한다.

　정괘는 우물을 상징한다. 수풍정水風井이라고 읽는다. 위로는 물
을 상징하는 감(☵)괘와, 아래로는 나무를 상징하는 손(☴)괘가
합쳐서 이루어진 괘(䷯)이기 때문이다. 물 아래로 나무 두레박이
깊이 내려가 있는 모습을 상징한다. 우물 속의 차디찬 물은 퍼 올려
야 많은 사람들이 마실 수 있는 법이다. 괘사는 이러하다.

마을을 다른 곳으로 옮길 수는 있지만 우물을 바꿀 수는 없다. 우물물은 아무리 끌어올려도 마르지 않고, 그렇다고 넘치지도 않는다. 많은 사람들이 오가며 마셔도 늘 맑고 차다. 그러나 두레박을 거의 끌어올렸는데 우물 밖으로 길어 올리지 못하고 도중에 두레박이 깨지거나 뒤집혀 물을 쏟으면 흉하다. 改邑不改井, 无喪无得, 往來井井, 汔至亦未繘井, 羸其瓶, 凶.

우물물이 마르지 않는다는 것은 퍼 주면 퍼 줄수록 끊임없이 새로운 우물물이 생겨나기 때문이다. 우물물을 퍼 올려 사람들에게 나누어 주지 않고 가두어 두기만 한다면 썩을 뿐이다. 사람 관계도 마찬가지 이치이다. 사랑도 베풀면 베풀수록 새로워지고 풍성해진다. 그리고 사랑도 돌보지 않으면 식어서 냉담과 몰인정이 되어 버린다. 내면의 덕도 그러하다. 쓰면 쓸수록, 주면 줄수록 더욱 새로워지고 풍성해진다. 홀로 풍성해지는 것이 아니라 타인과 함께 풍성해진다.

우물물이 마르지 않는다는 것은 또한 시대 변화에 따라 항상 새로워짐을 상징하기도 한다. 시대 변화에 따라 새롭게 혁신하지 못하면 시대로부터 버림을 받고 만다. 고여서 썩은 우물물을 먹으려는 사람은 아무도 없다. 첫 번째 효는 이렇다.

썩은 우물물이니 아무도 먹지 않는다. 오래된 우물에는 새들도 찾아오지 않는다. 井泥不食, 舊井无禽.

새들도 찾아오지 않는 우물가는 적막할 뿐이다. 깊은 원천이 끊기고 돌보지 않는 우물의 물은 썩게 마련이다. 우리 마음도 마찬가지이다. 마음속 깊숙이 감추어진 탁월한 가능성을 끊임없이 끌어올려 시대 변화 속에 변통시켜야 한다.

"두레박이 중간에서 깨어져 우물물을 쏟으면 흉하다."는 말은 이점을 지적한다. 주역에서 말하는 덕, 즉 탁월함은 자기만족적으로 홀로 우뚝 서는 것이 아니라, 타인과 사회에 퍼 주면서 새로워지는 것이다. 개인의 덕은 사회적인 변통과 실천을 통하여 공을 이룰 때 빛이 난다. 그러나 탁월한 사람이라도 사회적인 공을 이루지 못할 수 있다. 세 번째 효는 이 점을 상징한다.

맑은 우물물인데도 사람들이 먹지 않으니 내 마음이 슬프다. 井渫不食, 爲我心惻.

탁월한 능력을 가진 사람이라면 사회적인 공을 이루는 것이 좋다. 그러나 탁월한 사람이라고 해서 반드시 사회적인 공을 이루는 것은 아니며, 또 사회적인 공을 이루는 인물이 꼭 탁월한 사람인 것은 아니다. 능력이 있다고 해서 인정을 받는 것도 아니고, 인정을 받았다고 해서 능력이 뛰어나다고 단정할 수도 없다. 그러니 능력이 있는데 인정을 받지 못하면 분한 마음을 품기 쉽고, 사회적인 공을 이루었는데 합당한 보상을 얻지 못하면 원망하는 마음을 품기 쉽다.

그러나 그렇다고 우물의 뚜껑을 덮어 두면 결국 물이 고여서 썩은 내만 풍기게 되고 만다. 사람들의 갈증을 풀어 주기 위해 길어 올려질수록 우물물은 더욱 맑아지고 풍성해진다. 정괘의 마지막 효는 다음과 같다.

우물물을 길어 올려 뚜껑을 덮어 두지 않고 그 맑음을 오래도록 유지해야 한다. 크게 길할 것이다. 井收, 勿幕, 有孚, 元吉.

●●●
퇴계의 도산서원의 우물. 우물 정井 자 모양의 열정洌井인데, 열정이라는 말도 정괘에서 유래한 것으로 차가운 우물이라는 뜻이다.

퇴계의 도산서원에는 우물이 있다. 이 우물은 마음을 씻는 곳이라는 뜻으로 '세심장洗心場'이라 불린다. 퇴계는 주역을, 마음을 씻는 경전이라는 뜻으로 '세심경洗心經'이라고도 했다. 그는 도산서원의 우물물에 대해서 시를 남겼다.

서당 남쪽 우물물 달고 차갑네. 書堂之南, 石井甘洌.

오랫동안 안개에 묻혔으니, 이제는 뚜껑을 덮어 두지 마오. 千古煙沈, 從今勿幕.

정괘는 마흔여덟 번째 괘이다. 이 정괘의 모습을 거꾸로 하면 마흔일곱 번째 괘인 곤困괘가 된다. 이는 곤경을 상징한다. 곤경과 인간의 덕은 밀접한 관계가 있다. 탁월한 덕은 안락함보다는 오히려 곤경과 어려움 속에서 더욱 단련된다. 자신이 알지 못하는 잠재 능력을 일깨워 단련시키고자 한다면 곤경과 좌절을 두려워해서는 안된다.

큰 수레와
지위

　　인간의 덕과 능력이 풍성한 결과를 가져온 때를 상징하는 괘는 열네 번째 대유大有괘이다. 위대한 소유를 상징하는 괘이다. 화천대유火天大有라고 읽는다. 위로는 불을 상징하는 이(離, ☲)괘와, 아래로는 하늘을 상징하는 건(☰)괘가 합쳐서 이루어진 괘(☲)이기 때문이다.

　건괘는 내적 강직함을, 이괘는 외부 세계에 대한 밝은 지혜를 상징한다. 위대한 성취를 이룰 수 있는 조건이다. 이 풍요의 시기를 상징하는 대유괘 다음의 열다섯 번째 괘가 겸손을 상징하는 겸謙괘라는 점은 우연의 일치가 아니다. 풍성할 때는 겸손이 필요해진다.

　불이 하늘 위에 있으니, 멀리까지 밝은 빛을 비추어 다양한 사물들에게 영향을 미치는 모습을 상징한다. 중천에 떠 있는 태양이다. 위대한 능력을 발휘하여 성대한 풍요를 이룬 상황이다. 교만하기 쉬운 상황이다. 가난하면 비굴해지기 쉽고 부유하면 교만해지기 쉬운 것이 인간이다. 대유괘의 첫 번째 효에서부터 이러한 겸손과 신중함을 충고한다. 첫 번째 효는 이러하다.

해를 입힐 사람들과의 교류는 아직 없다. 지금 허물은 없지만, 어려움이 닥칠 수도 있다는 점을 알고 신중하게 처신한다면 계속 허물이 없을 것이다. 無交害, 匪咎, 艱則無咎.

인간의 감정이란 복잡하기 짝이 없어서, 많은 것을 소유한 사람은 질투와 시기의 대상이 되기 십상이며, 그것을 빼앗으려는 사기꾼들도 꼬인다. 그런 사람들과 함부로 교류하다가는 실수를 하고 해를 당할 수도 있다. 그래서 겸손함과 신중함, 오만하지 않은 관대함이 강조된다. 더 중요한 것은 자신이 얻은 풍요를 사회에 환원하고 공유하려는 태도이다. 두 번째 효는 이를 상징한다.

큰 수레로 무거운 짐을 나른다. 나아갈 바가 있다. 허물이 없다. 大車以載, 有攸往, 無咎.

큰 수레란 자신의 능력을 사회적으로 실천할 수 있는 도구를 상징하며, 동시에 다른 사람들과 연대하여 목적을 성취함을 상징한다. 계사전에는 "성인의 위대한 보물은 바로 지위(位)이다."라는 말이 있다. 능력과 덕을 가진 사람은 사회적인 지위를 통하여 그 능력을 펼쳐야 한다. 사회적인 지위가 없다면 아무리 탁월하고 훌륭한 능력과 덕이 있을지라도 결실을 맺기 힘들다.

사회적인 성취와 공을 이루었더라도 혼자 독점하는 것은 사회 정의에 어긋날 뿐만 아니라 아주 위험한 상황을 초래할 수도 있다. 세 번째 효는 이를 경고한다.

제후가 천자를 위하여 연회를 베푼다. 소인들은 그렇게 하지 못한다. 公用享于天子, 小人弗克.

고대 중국에서 제후는 자신의 재산과 소유물을 천자에게 바쳤다. 정치적으로 제후는 천자보다 낮다. 그러나 천자보다 재산과 소유물을 성대하게 가졌을 때 천자를 무시하고 오만해질 수 있다. 그래서 사회 질서를 문란하게 만들 수 있다. 연회를 베푼다는 것은 천자에 대한 충성심을 드러내는 것이며, 동시에 제후가 자신의 재산을 공동체를 위하여 모두 쓸 수 있음을 표시하는 행위이기도 하다.

무엇이든 변화하면서 흐르지 않고 한곳에 독점되면 썩는다. 또한 소통되지 못할 때는 싸움을 낳기 쉽다. 개인이 이룬 재산과 소유물은 사적인 것이건 공적인 것이건, 그것이 독점되어 썩지 않고 사회로 소통되고 분배되어 다시 새로운 재화를 창출해야 한다.

정오의
태양

　　대유괘에서는 성대한 소유를 독점했다고 교만하지 말고 겸
손하게 앞으로 다가올 위험들에 대해 신중하게 대비하라고 말한다.
가득 차면 언젠가는 비게 마련이다. 이러한 점을 분명하게 보여 주
는 것이 쉰다섯 번째 괘인 풍䷶괘이다.

　풍괘는 풍요로움을 상징하는 괘이다. 뇌화풍雷火䷶이라고 읽는
다. 위로는 우레를 상징하는 진(☳)괘와, 아래로는 불을 상징하는
이(☲)괘가 합쳐져 이루어진 괘(䷶)이기 때문이다. 진괘는 움직임
을, 이괘는 밝은 지혜를 상징하기도 한다. 밝은 지혜를 가지고 행동
하므로 풍요롭고 성대해질 수가 있다. 그러나 풍요로움이 극에 이
르면 변화의 법칙에 따라서 반드시 쇠락의 길로 들어서게 됨을 암
시한다. 풍괘에는 이런 말이 있다.

해는 중천에 뜨면 기울어지고 달은 가득 차면 어그러진다. 천지의 가득 참과 텅 빔은 때에 따라 소멸하고 자라난다. 日中則昃, 月盈則食, 天地盈虛, 與時消息.

풍괘의 괘사는 다음과 같다.

풍요로움은 형통할 수가 있다. 왕이 이에 이를 수가 있다. 근심하지 말라. 마땅히 해가 중천에서 빛난다. 豐, 亨. 王假之. 勿憂, 宜日中.

중천에 떠 있는 태양은 모든 만물에게 골고루 인색하지 않게 자신의 빛을 비추어 준다. 또한 공명정대하게 비춘다. 인간 사회에서 이러한 성대한 풍요에 이를 수 있는 건 가장 높은 지위와 권력에 올랐을 때이다.

그러나 그렇게 되었을 때 권력에 도취될 것이 아니라 오히려 모든 사람에게 많은 것을 베풀어야 하며 공명정대하게 시행해야 한다는 것이다. 그런 점에서 권력과 지위는 기뻐할 자리가 아니라 근심해야 할 자리이다. 그런데 왜 '근심하지 말라'고 했는가. 해가 중천에 떠 있듯이 공명정대함을 유지하고 있기 때문이다.

주면 줄수록 더 얻는다는 역설적인 충고가 주역이 말하는 변화의 법칙이다. 대유괘와 마찬가지로, 겸손과 관대한 아량이 부족할 때 풍요로움은 빠르게 쇠락한다. 이러한 쇠락의 모습은 여섯 번째 효에 나타난다.

집안에서의 풍요로움이다. 그 집안을 차양으로 막았다. 문 안을 들여다보니 한가하니 사람이 없다. 3년 동안 아무도 볼 수가 없으니 흉하다. 豐其屋, 蔀其家, 闚其戶, 闃其無人, 三歲不覿, 凶.

권력을 얻고 성공을 이루게 되면 점차로 오만해지고 완고해지며 인색해지기 쉽다. 이런 태도는 역설적이게도 권력과 성공으로부터 멀어지게 만든다. 오만하고 인색할수록 더욱더 타인들로부터 고립되고, 또 그럴수록 자신의 이익은 없어질 것이다. 이것은 변화의 법칙이기도 하다.

집안을 차양으로 막았다는 것은, 풍요를 사회와 함께 나누지 않는 이기적인 집안을 상징한다. 차양으로 집안을 막아 자기 집안의 이익을 보호하려고 하지만, 차양으로 빛을 막았기 때문에 더욱더 어리석게 됨을 상징한다. 노자의 다음과 같은 말은 단순히 교묘한 술책만은 아니다.

장차 접으려면 반드시 먼저 펴 주어라. 장차 약하게 하려면 반드시 먼저 강하게 해 주어라. 장차 폐하려면 반드시 먼저 흥하게 해 주어라. 장차 빼앗으려면 반드시 먼저 주어라.

— 노자 『도덕경』

우물물도 더욱더 퍼 줌으로써 스스로 깨끗하고 새롭게 혁신하듯이, 정오의 태양도 공명정대하게 빛을 줌으로써 스스로 더욱 밝은 빛을 내기도 한다. 얻는 것이 있다면 잃는 것이 있고, 잃는 것이 있다면 얻는 것이 있게 마련이다. 무엇을 얻었으며 무엇을 잃었는지, 과연 무엇이 진정한 얻음이고 무엇이 진정한 잃음인지 인간은 어리석게도 명확하게 판단하지 못한다.

과연 아무도 먹지 않으려는 우물물이 무슨 의미가 있으며, 태양빛을 받아 살아가는 만물이 없다면 태양은 무슨 소용이 있으랴. 니체의 차라투스트라도 산속에서 내려오기 전에 태양을 향해 이렇게 말했다.

너 위대한 태양이여! 네가 비추어 줄 그런 것들이 존재하지 않는다면 무엇이 너의 행복이겠는가!

— 니체, 『차라투스트라는 이렇게 말했다』

광기를 찾아서

1.

진실로 그리워하지 않는 것이니, 그렇지 않다면 가지 못할 먼 곳이 어디 있겠는가?　　　　　　　　　　　　　　　　　—『논어』 자한

캐플릿 가의 줄리엣을 사랑하게 된 로미오는, 그 원수 집안의 높은 담장을 뛰어넘어 그녀를 만나러 간다. 그것은 자칫 죽음을 불러올 수도 있는 감행이었다. 친구들은 사랑에 빠져 위험한 일을 감행하는 로미오를 비웃으며 놀리지만, 로미오는 오히려 그런 친구들을 안쓰러워하며 독백한다.

사랑의 상처를 입어 본 적이 없는 자가 쉽게 남의 상처를 비웃는 법이지.

『논어』의 위 구절은, "아름다운 자두 꽃이 봄바람에 휘날리는구

나. 어찌 그대를 그리워하지 않겠냐만 그대의 집이 멀고도 멀구나."
라는, 지금은 남아 있지 않은 시 구절에 대한 공자의 평이다. 간절
하게 그리운 여인이 있는 곳이라면 멀어서 찾아가지 못할 리는 없
을 것이다.

공자도 사랑을 해보았을까? 근엄한 공자가, '사랑은 움직이는 거
야'라는 식의 현대 젊은이들과 같은 발랄한 사랑을 했으리라고 상
상하기는 어렵지만, 어찌 그에게도 봄바람에 설레는 청춘의 떨림과
열정이 없었겠는가. 공자의 사랑은 '움직이는 사랑'이 아니라 지옥
이라도 찾아가는 '간절한 사랑'이 아니었을까?

공자의 이런 우직성은 남녀 간의 사랑에만 국한된 것이 아니었
다. 인간과 삶 그 자체에 애정을 가진 그였다. "불가능함을 알면서
도 행하려는 사람"이라고, 어느 문지기가 자로에게 공자를 조롱하
듯 평했지만, 오히려 그 조롱 속에 공자의 진면목이 담겨 있다. 불
가능함을 안다면 하지 않는 것이 현명한 사람의 처신이다. 그러나
그럼에도 할 수밖에 없는 열정이 어리석음으로 폄하될 수는 없다.
오히려 우리는 과연 그것이 진정으로 불가능한 일인지를 물어야 할
지 모른다. 진정으로 간절히 원한다면, 그것을 실현할 수 있는 방법
이 전혀 없을 리가 있겠는가? 공자를 조롱한 문지기에게 로미오의
독백을 빌려 이렇게 대꾸할 수도 있겠다.

진정한 갈망을 가져 보지 못한 자가 쉽게 남의 갈망을 헛되다고
비웃는 법이지.

2.

불가능한 줄 알면서도 하고자 했던 공자는, 문지기가 보기에는 매우 어리석은 사람이다. 유유상종일까. 공자는 어리석은 사람을 좋아했다.

영무자甯武子는 나라에 도가 있을 때는 총명한 지혜를 발휘했지만, 도가 없을 때는 어리석었다. 그의 총명함은 다른 사람들도 따를 수 있지만, 그의 어리석음은 따를 수 없을 것이다.

— 『논어』 공야장

중국어로 '난더후투難得糊塗'라는 말이 있다. '후투'가 어리석다는 뜻이므로 "어리석기가 매우 어렵다"는 말이다. 이 말은 본래 "총명함도 쉽지 않으나 어리석음은 더 어렵다."는 의미였다. 중국인들은 잘난 체하며 총명함을 자랑하기보다, 겸손히 총명함을 드러내지 않고 어리석게 보이는 것을 최고의 처세로 생각했던 듯하다. 이런 처세는 난세에서 해를 당하지 않고 자기 몸을 지킬 수 있게 해 준다.

하지만 이러한 처세는 현실을 수수방관하는 도피나 무관심 혹은 교활한 처세술이 될 수도 있다. 공자가 영무자의 어리석음은 따를 수 없다고 극구 칭찬한 것은 이런 의미의 어리석음이 아닐 터이다. 공자가 칭송했던 어리석음은, 총명한 지혜를 감추고 스스로 어리석음으로 위장하는 술수가 아니다.

일부러 스스로 어리석게 행동하는 것이 아니라, 다른 사람들이 어리석게 '본다'는 의미가 강조되어야 한다. 왜 사람들이 어리석다고 비웃는 걸까. 황당하기 때문이다. 하는 일이 모두 일반적인 상식으로 이해되지 않을 뿐만 아니라 현실에 적합하지도 않다. 참새는 대붕을 비웃었다. 놀고 있네. 쟤, 왜 저래. 노자는 이렇게 말한다.

훌륭한 사람이 위대한 도를 들으면 열심히 실천하려고 노력하고, 중간 정도의 사람이 도를 들으면 긴가민가하며, 하수들이 도를 들으면 낄낄거리고 비웃는다.

— 노자 『도덕경』

동시대인들이 어리석게 평가하는 행동, 어쩌면 거기에는 그 시대의 상식으로 이해되지 않는 더 큰 이상과 지혜가 담겨 있는지도 모른다. 그 이상과 지혜가 우습게 보이기도 한다. 다음과 같은 노자의 말은, 자신의 목적을 달성하기 위한 교활한 술수를 말하려는 것이 아니다.

위대한 강직함은 마치 굽실거리는 듯하고, 위대한 교묘함은 졸렬한 듯하고, 위대한 논변은 더듬는 듯 어눌하다.

— 노자 『도덕경』

이는 "위대한 지혜는 마치 어리석음과 같다.(大智若愚.)"는 말과도 통한다. 하지만 이는 굽실거리며 졸렬하고 어눌하게 보여서 어리석음을 가장하라는 전략적 술수가 아니다. 위대한 지혜가 어리석음과 같다는 말은 세상 사람들이 어리석게 보기 때문이다. 그러나 그 속에는 큰 지혜와 이상이 담겨 있다. 세상 사람들이 그것을 이해하지 못하기 때문에 어리석게 보인다.

송나라 때의 주자朱子는 영무자를, 세상이 어지럽게 변하여 나라를 잃을 지경에까지 이르렀는데도, 힘든 일을 피하지 않고 사람들이 하기 싫어하는 일을 힘써 하면서도 자신의 몸을 보존한 사람이라고 평가한다.

세상 사람들이 어리석다고 평가하며 비웃는데도 자신의 일을 포기하지 않고 전심전력을 다하는 사람. 그는 정신 나간 사람, 광기狂氣에 찬 사람이다. '불가능함을 알면서도 하고자 한 사람' 이었던 공자는 광기에 찬 사람들을 찾아다녔다.

3.

물론 광기에 찬 사람이 공자가 원했던 이상적인 인간형은 아니다. 오히려 주역이 지향하는, 이상을 가지되 적절하고 유연한 현실 감각을 지닌 사람이 공자가 지향하는 인간형에 가깝다. 중용의 도리를 실천하는 사람인 것이다. 하지만 이런 인간은 현실에서 그리

흔치 않다. 그래서 공자는 다음과 같은 차선책을 제시한다.

중용에 맞게 행하는 사람을 찾아 교류할 수 없다면, 반드시 광狂자와 견獧자와 함께해야 하리. 광자는 뜻이 높아 진취적인 사람이고, 견자는 하기 싫은 일은 반드시 하지 않으려는 사람이다.

—『논어』자로

공자가 말하는 광자란 누구인가. 뜻과 이상이 높으며 행동이 과감한 허풍쟁이이다. 견자란 누구인가. 자신의 가치관이 분명해 입맛이 까다로운, 소극적이지만 저항하는 사람이다. 공자가 말하는 광자는 이상만 높고 행동을 함부로 하는 사람이고, 견자는 소심해서 행동을 조심하지만 그래도 자신의 가치관은 있는 사람이다. 공자는 가장 완벽한 사람과 함께하지 못할 바에는 이들과 함께하고자 했다. 공자가 말하는 광자는 강직한 이상을 가진 사람이기도 하다. 강직함이 과한 사람이다. 공자도 그 위험성을 알았다.

강직하기만 좋아하면서 배우기를 좋아하지 않으면 미친놈〔狂〕이 되는 폐단이 생긴다.

—『논어』양화

강직한 이상이 현실을 배우지 않고 변통하지 못할 때 미친 짓이 될 수 있다. 공자는 남의 허물을 들추어내는 자를 미워하기도 했지만, 현실과 변통을 모르는 지나치게 '센' 사람도 미워했다.

용맹스럽지만 예를 모르는 자를 미워하고, 과감하지만 꽉 막힌 사람을 미워한다.

—『논어』양화

자신의 이상을 위해 용감하고 과감할지라도, 그 이상만을 고집하여 꽉 막혀 있을 뿐 아니라 무례하기까지 하다면 그것은 더 이상 아름다움이 아니다. 변통의 정신이 없는 사람이다.

주역은 변통의 정신을 강조하지만, 그것이 광기에 찬 이상을 가지지 못할 때 교활한 현실적 모략으로 변화할 수 있다. 공자는 그래서 현실적인 지혜만을 가진 교활한 사람보다, 우직하고 순박한 광기를 지닌 사람을 찾았던 것인지도 모른다. 물론 우직함과 광기가 변통을 배우지 못할 때도 위험스럽다. 셰익스피어의 소네트 가운데 이런 구절이 있다.

가장 달콤한 것도 그 행위에 따라 가장 쓴 것이 되나니, 썩은 백합은 잡초보다도 더 악취를 풍기도다.

더 읽을 책들

주역에 관한 책은 시중에 너무나도 많다. 그러나 쉽게 입문하기에 적합한 책을 고르기는 힘들다. 주역 원전은 의리역학자들이 해석한 것을 참조하는 것이 좋다. 왕필의 경우 임채우의 『주역 왕필주』(길, 2006)가 있고, 정이천의 경우 성백효의 『주역전의』(전통문화연구회, 1998)가 있으며, 소동파의 경우 성상구의 『동파역전』(청계, 2004)이 있다.

1. 곽신환, 『주역의 이해』, 서광사, 1990.
주역에 관한 철학적 입문서로는 가장 탁월하다. 주역과 관련된 철학적 주제를 모두 망라하고 있다고 해도 과언이 아니다. 그러나 중·고등학생이 읽기에는 한문이 많다는 점이 단점이다.

2. 주백곤, 김학권 옮김 『주역산책』, 예문서원, 1999.
주역 입문서로 가장 무난하다. 주역에 관련된 기본 지식이 소개되어 있다.

3. 료명춘 외, 심경호 옮김, 『주역철학사』, 예문서원, 1994.
주역에 관한 기본 지식과, 중국 역사에서 주역이 어떻게 해석되어 왔는지에 대한 역사적인 개괄이 자세하게 설명되어 있다. 현대 중국·한국·일본에서 이루어진 주역 연구의 성과도 정리되어 있어 참조할 만하다.

4. 남회근, 신원봉 옮김, 『주역강의』, 문예출판사, 1997.
남회근은 대만 총통의 국사國師를 역임한 학자이다. 주역 계사전에 대한 강연을 정리한 책이다. 강연 내용이기 때문에 쉽게 읽힌다는 장점이 있다.

5. 남회근, 신원봉 옮김, 『역경잡설』, 문예출판사, 1998.
이 또한 남회근의 강연 원고이다. 주역의 전반적인 설명과 함께 의리역학과 상수역학의 기초 개념들을 쉽게 설명하고 있다.

6. 이정우, 『접힘과 펼쳐짐』, 거름, 2000.

이정우의 강연집이다. 라이프니츠와 현대 과학에 관한 철학책이지만 마지막 장에 주역에 관한 강의가 있다. 현대 철학적 맥락과 관련하여 주역의 철학적 성격을 설명하고 있다. 서양철학을 전공한 사람이 쓴 책이지만 만만하게 볼 수 없을 정도이다. 오히려 현대적인 맥락을 쉽게 이해할 수 있도록 설명하고 있다.

7. 이성환 · 김기현, 『주역의 과학과 도』, 정신세계사, 2002.

현대 과학의 입장에서 주역의 기본 개념을 설명하고 있다. 관심 있는 사람에게는 일독의 가치가 있다.

8. 조용헌, 『조용헌의 사주명리학 이야기』, 생각의나무, 2002.

한국의 점술과 사주명리학에 대한 가장 재미있는 소개서이다. 강호학의 르네상스를 꿈꾸는 야심찬 책이기도 하다.

주역과 관련한 간략한 중국사 연표

기원전

2000년경	하夏 문화.
1650년경	상商 왕조. 갑골문.
1400년경	반경盤庚, 은殷으로 천도.
1070년경	무왕武王, 주周 왕조 창건.
770년경	주 왕조, 낙양洛陽으로 천도, 동주東周 시대.
552년	공자 출생.
	춘추전국시대
	「단전」, 「상전」, 「설괘전」, 「계사전」, 「문언전」, 「서괘전」, 「잡괘전」
	성립.
221년	진秦나라의 천하통일.
	양한兩漢 시대
202년	유방이 황제 지위에 오름.
202~143년	전하田何, 한나라 초기 제일의 역학자.
90~40년	맹희孟喜, 상수역의 개조開祖, 괘기설卦氣說 창도.
77~37년	경방京房, 초연수의 제자, 『경씨역전京氏易傳』.
70~기원후 10년	초연수焦延壽, 『초씨역림焦氏易林』.
53~기원후 18년	양웅揚雄, 『태현경太玄經』.
50~기원후 10년	비직費直, 『초씨역림』의 서문을 씀. 고문역古文易으로 유명.

기원후

127~200년	정현鄭玄, 의리와 상수 결합, 효진설爻振說 주장.
128~200년	순상荀爽, 상수역학자, 양승음강설陽升陰降說 주장.
140~190년	위백양魏伯陽, 『주역참동계周易參同契』.
170~239년	우번虞翻, 상수역학자, 괘변설卦變說과 납갑설納甲說 주장.

184년	황건의 난 발생.
220년	조비가 헌제를 폐위시키고 위를 건국. 후한 멸망.
221년	유비, 촉을 건국.
222년	손권, 오를 건국. 위·오·촉의 삼국이 정립(~265년).

위진남북조 시대

209~256년	관로管輅, 위나라의 방사. 주역, 수학, 관상술에 능함.
210~263년	완적阮籍, 『통역론通易論』.
226~249년	왕필王弼, 『주역주周易注』, 『주역약례周易略例』.

수나라 시대

574~648년	공영달孔穎達, 『주역정의周易正義』.
581년	양견楊堅, 북주北周를 멸망시키고 수隋를 건국.
587년	과거제를 실시.
611년	양제煬帝, 고구려 정벌. 이후 두 차례(613·614년)의 원정 실패.

당나라 시대

618년	양제가 살해되고 이연李淵이 제위에 오름. 당唐의 건국.
624년	『예문유취藝文類聚』100권 완성.
631년	『군서치요群書治要』50권 완성.
651년	『오경정의五經正義』완성.
755년	안사(안록산과 사사명)의 난 발발(~763년).
762년	이정조李鼎祚, 『주역집해周易集解』.
875년	황소의 난(~884년).

송나라 시대

960년	조광윤, 즉위하여 송宋 건국.
983년	『태평어람太平御覽』완성.
987년	『문원영화文苑英華』완성.
1011~1077년	소강절邵康節, 『황극경세서皇極經世書』.
1020~1077년	장재張載, 『횡거역설橫渠易說』.
1033~1107년	정이천, 『이천역전伊川易傳』.
1069년	왕안석 신법新法 입안. 균수법, 청묘법을 실시.
1084년	사마광司馬光, 『자치통감資治通鑑』.

1127년	북송 멸망. 고종이 즉위하여 송을 부흥, 남송시대.
1127~1206년	양만리楊萬里,『성재역전誠齋易傳』.
1130~1200년	주희朱熹,『주역본의周易本義』,『역학계몽易學啓蒙』.
1206년	테무진, 몽골을 통일하고 칭기즈칸이라 칭함(제2차 즉위).
1219년	칭기즈칸의 서쪽 정벌 시작(~1224년).
1234년	금, 몽골과 남송의 군대에 공격받아 멸망.
1260년	쿠빌라이칸 즉위.
	원나라 시대
1271년	국호를 원元으로 바꿈.
1274년	마르코 폴로, 쿠빌라이 알현.
1249~1333년	오징吳澄,『역찬언易纂言』.
1250~1330년	호병문胡炳文,『주역본의통석周易本義通釋』.
1274년	남송의 멸망.
	명나라 시대
1368년	주원장이 즉위하여 명明을 건국.
1405년	정화鄭和, 제1차 남해 원정(1407년 귀국).
1407년	정화, 제2차 남해 원정(1409년 귀국).
1408년	『영락대전永樂大典』완성.
1415년	호광胡廣 등 42명이『주역전의대전周易傳義大全』완성.
1415년	『사서대전四書大全』,『오경대전五經大全』,『성리대전性理大全』완성.
1502년	『대명회전大明會典』완성.
1528년	양명학陽明學의 왕수인王守仁 사망(1472년~).
1601년	마테오 리치, 북경에 도착.
1611~1671년	방이지方以智,『주역시론周易時論』,『역여易餘』.
1616년	누르하치, 후금을 건국.
1619~1692년	왕부지王夫之,『주역외전周易外傳』,『주역내전周易內傳』.
	청나라 시대
1636년	후금, 국호를 청淸으로 바꿈.
1644년	이자성, 북경을 점령하고 명을 멸망시킴.
1661년	강희제 즉위.

1642~1718년	이광지李光地, 강희제의 칙명으로『주역절중周易折中』완성.
1691~1758년	혜동惠棟,『주역술周易述』,『역한학易漢學』.
1716년	『강희자전康熙字典』완성.
1722년	강희제 사망. 옹정제 즉위.
1725년	『고금도서집성古今圖書集成』완성.
1735년	옹정제 사망. 건륭제 즉위.
1739년	『명사明史』간행.
1763~1820년	초순焦循,『역학삼서易學三書』.
1782년	『사고전서』완성.
1894년	8월, 청일전쟁 개시.
1904년	2월, 러일전쟁 발발.
1917년	러시아 혁명.
1921년	7월, 중국공산당 성립.
1937년	중일전쟁 시작, 11월, 일본군 남경대학살.
1949년	중화인민공화국 성립 선언.

64괘와 상전象傳 풀이

64괘의 명칭과 상징의 의미를 간단히 설명하고, 각 괘의 상징에 대한 의미를 설명하고 있는 상전만을 따로 뽑아 해석했다.

1. ䷀건괘乾卦

건위천乾爲天이라고 읽는다. 모두 양으로 이루어진 괘이다. 강건함을 의미한다. 하늘, 아버지, 창조성을 상징한다.

"하늘은 지속적으로 강건하게 운행한다. 군자는 이를 본받아 끊임없이 스스로를 강건하게 한다.(天行健, 君子以自强不息.)"

2. ䷁곤괘坤卦

곤위지坤爲地라고 읽는다. 모두 음으로 이루어진 괘이다. 순종을 의미한다. 땅, 어머니, 수용성을 상징한다.

"땅의 근본적인 성질은 유연한 수용성이다. 군자는 이를 본받아 후덕한 포용력으로 모든 것을 감싸 안는다.(地勢坤, 君子以厚德載物.)"

3. ䷂둔괘屯卦

수뢰둔水雷屯이라고 읽는다. 혼돈을 의미한다. 시작의 어려움을 나타내고, 씨앗이 땅속을 뚫고 나오는 모습을 상징한다.

"구름이 잔뜩 끼고 우레가 치는 모습이 둔괘이다. 군자는 이를 본받아 조절하며 질서를 세운다.(雲雷, 屯, 君子以經綸.)"

4. ☷☳ 몽괘蒙卦

산수몽山水蒙이라고 읽는다. 어리석음을 의미한다. 어린아이를 나타내고, 미성숙과 아직 경험과 현실적 지혜가 없는 상태를 상징한다.

"산 아래에서 샘물이 솟아 나오는 모습이 몽괘이다. 군자는 이를 본받아 과감하게 행동하고 자신의 덕을 기른다.(山下出泉, 蒙, 君子以果行育德.)"

5. ☵☰ 수괘需卦

수천수水天需라고 읽는다. 기다림을 의미한다. 비가 오기를 기다리는 것을 나타내고, 성숙과 영양 공급을 상징한다.

"구름이 하늘 위로 오르는 모습이 수괘이다. 군자는 이를 본받아 먹고 마시며 잔치를 열어 즐거워한다.(雲上于天, 需, 君子以飲食宴樂.)"

6. ☰☵ 송괘訟卦

천수송天水訟이라고 읽는다. 소송을 의미한다. 다툼과 싸움을 상징한다.

"하늘과 물이 서로 어긋나게 운행하는 모습이 송괘이다. 군자는 이를 본받아 모든 일을 처리해 나갈 때 그 일이 처음에 어떻게 시작하는지를 조심스럽게 살핀다.(天與水違行, 訟, 君子以作事謀始.)"

7. ☷☵ 사괘師卦

지수사地水師라고 읽는다. 군사를 의미한다. 지도력과 충성심을 상징한다.

"땅 가운데 물이 모이는 모습이 사패이다. 군자는 이를 본받아 백성들을 모으고 많은 사람들을 훈련시켜 기른다.(地中有水, 師, 君子以容民畜衆.)"

8. ䷇ 비괘比卦

수지비水地比라고 읽는다. 친밀함 혹은 연대를 의미한다. 지도자를 중심으로 협동하며 연합하는 것을 나타내고, 친밀한 관계를 상징한다.

"땅 위에 물이 있는 모습이 비패이다. 선왕은 이를 본받아 만국을 세우고 제후들과 친밀하게 연대한다.(地上有水, 比, 先王以建萬國, 親諸侯.)"

9. ䷈ 소축괘小畜卦

풍천소축風天小畜이라고 읽는다. 작은 것에 의해서 큰 것이 길러진다는 의미이다. 부드러움에 의해서 강함이 제지되고 길들여지는 것을 나타내고, 작은 것들이 축적되는 모습을 상징한다.

"하늘 위에 바람이 부는 모습이 소축패이다. 군자는 이를 본받아 무력이 아닌 문덕을 수양한다.(風行天上, 小畜, 君子以懿文德.)"

10. ䷉ 이괘履卦

천택리天澤履라고 읽는다. 조심스럽게 땅을 밟는 것을 의미한다. 신중한 행동이나 실천을 나타내고, 예禮를 상징한다.

"위로는 하늘이, 아래로는 연못이 있는 모습이 이패이다. 군자는 위와 아래의 차이를 분별하여 백성들의 마음을 안정시킨다.(上天下澤, 履, 君子以辯上下, 定民志.)"

11. ䷊ 태괘泰卦

지천태地天泰라고 읽는다. 태평성태를 의미한다. 위와 아래가 소통이 잘 이루어져 조화를 이룬 것을 나타내고, 번영과 평화를 상징한다.

"하늘과 땅이 교류하는 모습이 태괘이다. 제후는 이를 본받아 하늘과 땅의 도리를 마름질하여 이루며, 하늘과 땅의 합당한 운행을 도와 백성들을 보살핀다.(天地交, 泰, 后以財成天地之道, 輔相天地之宜, 以左右民.)"

12. ䷋ 비괘否卦

천지비天地否라고 읽는다. 막힘을 의미한다. 소통되지 않은 정체 상태를 나타내고, 장애와 부조화를 상징한다.

"하늘과 땅이 교류하지 못하는 모습이 비괘이다. 군자는 이러한 때에 능력을 감추고 난세를 피하니, 헛된 지위나 돈으로 영예를 얻는 것은 옳지 않다.(天地不交, 否, 君子以儉德辟難, 不可榮以祿.)"

13. ䷌ 동인괘同人卦

천화동인天火同人이라고 읽는다. 동료들과의 연대를 의미한다. 공동체를 이루는 것을 나타내고, 동지애를 상징한다.

"하늘과 불이 함께 있는 모습이 동인괘이다. 군자는 이를 본받아 종류에 따라서 나누어 사물들의 차이를 구별 짓는다.(天與火, 同人, 君子以類族辨物.)"

14. ䷍ 대유괘大有卦

화천대유火天大有라고 읽는다. 위대한 소유를 의미한다. 많이 소유한 상태를 나타내고, 부유함을 상징한다.

"하늘 위에 불이 있는 모습이 대유괘이다. 군자는 이를 본받아 나쁜 것을 막고 착한 것을 드러내어 하늘의 아름다운 명을 따른다.(火在天上, 大有, 君子以遏惡揚善, 順天休命.)"

15. ䷎ 겸괘謙卦

지산겸地山謙이라고 읽는다. 겸손을 의미한다.

"땅속에 산이 있는 모습이 겸괘이다. 군자는 이를 본받아 많은 것을 덜어 적은 것에 보탠다. 사물들을 저울질하여 분배를 균등하게 한다.(地中有山, 謙, 君子以裒多益寡, 稱物平施.)"

16. ䷏ 예괘豫卦

뇌지예雷地豫라고 읽는다. 기쁨을 의미한다. 열정에 도취된 상태를 나타내고, 즐거움과 만족을 상징한다.

"우레가 치고 땅이 요동하는 모습이 예괘이다. 선왕은 이를 본받아 음악을 지어 덕을 높여 상제에게 성대히 바쳐서 조상을 배향한다.(雷出地奮, 豫, 先王以作樂崇德, 殷薦之上帝, 以配祖考.)"

17. ䷐ 수괘隨卦

택뢰수澤雷隨라고 읽는다. 뒤따름을 의미한다. 복종하는 모습을 나타내고, 충성과 순종을 상징한다.

"연못 속에 우레가 있는 모습이 수괘이다. 군자는 이를 본받아 어둠에 들어가 편안하게 쉰다.(澤中有雷, 隨, 君子以嚮晦入宴息.)"

18. ䷑ 고괘蠱卦

산풍고山風蠱라고 읽는다. 치료와 고침을 의미한다. 고蠱라는 글자는 벌레 충蟲과 그릇 명皿으로 이루어졌다. 그릇에 벌레가 있으니 썩고 무너진다는 뜻이다. 썩고 무너진 것을 다스린다는 뜻이다.

"산 아래에 바람이 부는 모습이 고괘이다. 군자는 이를 본받아 백성들을 진작시키고 덕을 기른다.(山下有風, 蠱, 君子以振民育德.)"

19. ䷒ 임괘臨卦

지택임地澤臨이라고 읽는다. 나아가고 임한다는 의미이다. 군주가 백성에게 임하는 것을 나타내고, 어떤 것에 임하여 처리하는 것을 상징한다.

"연못 위에 땅이 있는 모습이 임괘이다. 군자는 이를 본받아 가르치려는 생각이 끝이 없고, 백성을 포용하고 보호함이 끝이 없다.(澤上有地, 臨, 君子以教思无窮, 容保民无疆.)"

20. ䷓ 관괘觀卦

풍지관風地觀이라고 읽는다. 바라봄을 의미한다. 군주가 하늘의 도를 관찰하고 백성의 풍속을 살피는 것을 나타내고, 관찰과 이해를 상징한다.

"땅 위에 바람이 부는 것이 관괘이다. 선왕은 이를 본받아 사방을 살피고 백성을 관찰하여 가르침을 세운다.(風行地上, 觀, 先王以省方觀民設教.)"

21. ䷔ 서합괘噬嗑卦

화뢰서합火雷噬嗑이라고 읽는다. 깨물고 씹는다는 의미이다. 음식을 깨물어 잘게 부순다는 것을 나타내고, 형법을 시행하는 것과 단호한 행위를 상징한다.

"우레와 번개가 치는 모습이 서합괘이다. 선왕은 벌을 명확하게 하고 형법을 엄격하게 시행한다.(雷電, 噬嗑, 先王以明罰勅法.)"

22. ☲☶비괘賁卦

산화비山火賁라고 읽는다. 꾸밈을 의미한다. 우아하게 꾸미는 것을 나타내고, 문화와 장식을 상징한다.

"산 아래에 불이 있는 모습이 비괘이다. 군자는 이를 본받아 정치의 여러 측면을 분명하게 밝히고 형벌을 함부로 사용하지 않는다.(山下有火, 賁, 君子以明庶政, 无敢折獄.)"

23. ☶☷박괘剝卦

산지박山地剝이라고 읽는다. 깎이는 것을 의미한다. 나무가 깎이듯이 음의 세력이 양의 세력을 깎는 것을 나타내고, 붕괴와 분열 등을 상징한다.

"산이 땅에 붙어 있는 모습이 박괘이다. 윗사람이 이를 본받아 아래를 두텁게 하여 집을 안정시킨다.(山附於地, 剝, 上以厚下安宅.)"

24. ☷☳복괘復卦

지뢰복地雷復이라고 읽는다. 되돌아옴을 의미한다. 봄이 오면 다시 꽃이 피듯이 생명이 되돌아옴을 나타내고, 회복과 재생을 상징한다.

"땅속에 우레가 있는 모습이 복괘이다. 선왕은 이를 본받아 동짓날에 모든 문을 걸어 잠그고, 상인들과 여행자들을 돌아다니지 못하게 하고, 지방을 순시하지 않는다.(雷在地中, 復, 先王以至日閉關, 商旅不行, 后不省方.)"

25. ䷘ 무망괘无妄卦

천뢰무망天雷無妄이라고 읽는다. 때 묻지 않은 순수함을 의미한다. 일부러 기대하지 않는다는 뜻도 있어 자연스럽게 행동하는 모습을 나타낸다. 자연스러운 행위, 순진무구함을 상징한다.

"하늘 아래에 우레가 치는 모습이 무망괘이다. 만물이 자연스럽고 순진무구하게 행하니 선왕은 이를 본받아 성대하고 시절에 맞게 만물을 기른다.(天下雷行, 物與无妄, 先王以茂對時育萬物.)"

26. ䷙ 대축괘大畜卦

산천대축山天大畜이라고 읽는다. 큰 것에 의해서 길러진다는 의미이다. 위대한 힘에 의해서 길들어지고 조절되고 축적되는 상태를 나타내고, 위대한 축적과 위대한 교화를 상징한다.

"산속에 하늘이 있는 모습이 대축괘이다. 군자는 이를 본받아 과거의 말과 행동에 관한 지식을 많이 축적하여 덕을 기른다.(天在山中, 大畜, 君子以多識前言往行, 以畜其德.)"

27. ䷚ 이괘頤卦

산뢰이山雷頤라고 읽는다. 턱을 의미한다. 턱을 벌려 음식을 먹는 모습을 나타내고, 음식물 공급과 영양 공급, 즉 수양을 상징한다.

"산 아래에 우레가 있는 모습이 이괘이다. 군자는 이를 본받아 언어를 조심하고 음식을 절제한다.(山下有雷, 頤, 君子以愼言語, 節飮食.)"

28. ䷛ 대과괘大過卦

택풍대과澤風大過라고 읽는다. 지나친 위대함을 의미한다. 공이나 능력이 평범한 사람보다 뛰어나거나 지나친 상태를 나타내고, 큰 것의 우월성을 상징한다.

"연못이 나무를 잠기게 하는 모습이 대과괘이다. 군자는 이를 본받아 홀로 우뚝 서서 두려워하지 않고, 세속에서 은둔할지라도 근심이 없다.(澤滅木, 大過, 君子以獨立不懼, 遯世无悶.)"

29. ䷜ 감괘坎卦

감위수坎爲水라고 읽는다. 깊은 연못을 의미한다. 위험을 상징한다.

"물이 계속 밀려오는 모습이 감괘이다. 군자는 이를 본받아 항상 덕행을 실천하며 가르치는 일을 멈추지 않는다.(水洊至, 習坎, 君子以常德行, 習敎事.)"

30. ䷝ 이괘離卦

이위화離爲火라고 읽는다. 광채가 나는 불을 의미한다. 부착되어 연결된다는 뜻이 있어, 상호 연관과 결합을 이해하는 지혜를 상징한다.

"밝은 빛이 연결되어 사방에 빛을 내는 모습이 이괘이다. 위대한 사람은 이를 본받아 사방에 끊임없이 빛을 비춘다.(明兩作, 離, 大人以繼明照于四方.)"

31. ䷞ 함괘咸卦

택산함澤山咸이라고 읽는다. 교감을 의미한다. 상호 작용과 영향을 주고받는 것을 나타내고, 감응을 상징한다.

"산 위에 연못이 있는 모습이 함괘이다. 군자는 마음을 비우고 사람을 받아들인다.(山上有澤, 咸, 君子以虛受人.)"

32. ䷟ 항괘恒卦

뇌풍항雷風恒이라고 읽는다. 항구성을 의미한다. 지속되는 상태를 나타내고, 지속성과 인내, 항상성을 상징한다.

"우레와 바람의 모습이 항괘이다. 군자는 이를 본받아 우뚝 서서 방향을 바꾸지 않는다.(雷風, 恒, 君子以立不易方.)"

33. ䷠ 돈괘遯卦

천산돈天山遯이라고 읽는다. 물러남을 의미한다. 어떤 일이나 세속으로부터 물러나는 것을 나타내고, 은둔을 상징한다.

"하늘 아래에 산이 있는 모습이 돈괘이다. 군자는 소인을 멀리하되, 그들을 지나치게 미워하지 않고 오히려 자신의 행위를 엄격하게 한다.(天下有山, 遯, 君子以遠小人, 不惡而嚴.)"

34. ䷡ 대장괘大壯卦

뇌천대장雷天大壯이라고 읽는다. 거대한 힘을 의미한다. 왕성하고 큰 힘과 세력을 나타내고, 위대하고 정의로운 힘을 상징한다.

"하늘 위에 우레가 있는 모습이 대장괘이다. 군자는 이를 본받아 예가 아니면 행하지 않는다.(雷在天上, 大壯, 君子以非禮弗履.)"

35. ䷢ 진괘晉卦

화지진火地晉이라고 읽는다. 앞으로 나아감을 의미한다. 물러서지 않고 공을 세우려거나 자신의 능력을 인정받으려고 나아가려는 모습을 나타내고, 전진을 상징한다.

"땅 위에 해가 솟아오르는 모습이 진괘이다. 군자는 이를 본받아 자신의 밝은 덕
으로 스스로를 빛낸다.(明出地上, 晉, 君子以自昭明德.)"

36. ䷣ 명이괘明夷卦

지화명이地火明夷라고 읽는다. 어둠을 의미한다. 밝음이 해를 입었다는 것을 나타내
고, 어두운 세상과 혼란한 시대를 상징한다.

"해가 땅속으로 들어가는 모습이 명이괘이다. 군자는 대중에게 나아가되 자신의
총명함을 감춤으로써 오히려 지혜롭게 처신한다.(明入地中, 明夷, 君子以莅衆, 用晦而
明.)"

37. ䷤ 가인괘家人卦

풍화가인風火家人이라고 읽는다. 가족을 의미한다. 상호 협조와 신뢰를 바탕으로 가
족을 이루는 일들을 나타내고, 가족에 관한 일들을 상징한다.

"불로부터 바람이 나오는 모습이 가인괘이다. 군자는 이를 본받아 말하는 데는
진실이 있어야 하고, 행동하는 데는 변덕스럽지 않게 항상성을 가져야 한다.(風自火
出, 家人, 君子以言有物而行有恒.)"

38. ䷥ 규괘睽卦

화택규火澤睽라고 읽는다. 등을 지는 것을 의미한다. 서로 다른 곳을 보아 오해하고
다른 길을 가서 갈등하는 상태를 나타내고, 대립과 분열을 상징한다.

"위로 불이 올라가고 아래로 연못이 내려가는 모습이 규괘이다. 군자는 동일한
점을 찾으면서도 차이를 구별한다.(上火下澤, 睽, 君子以同而異.)"

39. ䷦ 건괘蹇卦

수산건水山蹇이라고 읽는다. 산이 험하고 강물에 의해서 막혔다는 의미이다. 고생스럽고 어려운 상태를 나타내고, 역경과 난관을 상징한다.

"산 위에 물이 있는 모습이 건괘이다. 군자는 스스로 반성하고 덕을 수양한다.(山上有水, 蹇. 君子以反身修德.)"

40. ䷧ 해괘解卦

뇌수해雷水解라고 읽는다. 풀려 흩어진다는 의미이다. 어려움이 풀리는 것을 나타내고, 해방과 해소를 상징한다.

"우레와 비가 일어나는 모습이 해괘이다. 군자는 이를 본받아 허물을 용서하고 죄를 감해 준다.(雷雨作, 解. 君子以赦過宥罪.)"

41. ䷨ 손괘損卦

산택손山澤損이라고 읽는다. 덜어 내는 것을 의미한다. 아래 것을 덜어 위에 보태는 것을 나타내고, 덜어 내는 모든 것을 상징한다.

"산 아래에 연못이 있는 모습이 손괘이다. 군자는 이를 본받아 분노를 조절하고 욕망을 제한한다.(山下有澤, 損. 君子以懲忿窒欲.)"

42. ䷩ 익괘益卦

풍뢰익風雷益이라고 읽는다. 보태고 더하는 것을 의미한다. 위의 것을 덜어 내 아래에 보태 주는 것을 나타내고, 증가와 이익을 상징한다.

"바람과 우레가 있는 모습이 익괘이다. 군자는 이를 본받아 선한 것을 보면 그것을 따라 행하고 허물이 있으면 고쳐 바로잡는다.(風雷, 益, 君子以見善則遷, 有過則改.)"

43. ䷪ 쾌괘夬卦

택천쾌澤天夬라고 읽는다. 둑이 무너져 터지는 것 혹은 쪼개지는 것을 의미한다. 주저하지 않고 단호히 제거하는 것을 나타내고, 단호한 결단을 상징한다.

"연못이 하늘에 오르는 모습이 쾌괘이다. 군자는 이를 본받아 은택을 베풀어 아래에 미치게 하고, 덕에 편안히 거하여 금기사항을 세운다.(澤上於天, 夬, 君子以施祿及下, 居德則忌.)"

44. ䷫ 구괘姤卦

천풍구天風姤라고 읽는다. 만남을 의미한다. 음의 세력이 이제 막 커지려는 상황을 나타내고, 만남을 상징한다.

"하늘 아래에 바람이 부는 모습이 구괘이다. 제후는 명령을 시행하고 사방에 고한다.(天下有風, 姤, 后以施命誥四方.)"

45. ䷬ 취괘萃卦

택지취澤地萃라고 읽는다. 흩어진 것이 다시 모이는 것을 의미한다. 흩어진 여러 무리들이 다시 모이는 것을 나타내고, 다 같이 모임을 상징한다.

"연못이 땅 위에 올라가 있는 모습이 취괘이다. 군자는 이를 본받아 예상치 못한 일에 대비하기 위하여 무기를 수리한다.(澤上於地, 萃, 君子以除戒器, 戒不虞.)"

46. ䷭ 승괘升卦

지풍승地風升이라고 읽는다. 올라감을 의미한다. 쌓이고 모이면서 올라가는 것을 나타내고, 점차적으로 승진하고 진보함을 상징한다.

 "땅속에서 나무가 자라 올라오는 모습이 승괘이다. 군자는 이를 본받아 유연성 있는 덕목을 가지고 작은 것을 하나하나 쌓아 큰 것을 높이 세운다.(地中生木, 升, 君子以順德, 積小以高大.)"

47. ䷮ 곤괘困卦

택수곤澤水困이라고 읽는다. 어려운 상황을 의미한다. 연못에 물이 마른 상태를 나타내니, 곤란한 상황과 곤경을 상징한다.

 "연못에 물이 없는 모습이 곤괘이다. 군자는 이를 본받아 자신의 운명을 담담히 받아들이고 자신의 뜻을 행한다.(澤无水, 困, 君子以致命遂志.)"

48. ䷯ 정괘井卦

수풍정水風井이라고 읽는다. 우물을 의미한다. 마을 사람들에게 시원한 우물물을 나누어 주는 우물을 나타내고, 덕德의 원천을 상징한다.

 "나무로 물을 끌어올리는 모습이 정괘이다. 군자는 이를 본받아 백성들을 위로하고 서로 돕도록 권한다.(木上有水, 井, 君子以勞民勸相.)"

49. ䷰ 혁괘革卦

택화혁澤火革이라고 읽는다. 근본적인 변화와 혁명을 상징한다.

 "연못 속에 불이 있는 모습이 혁괘이다. 군자는 이를 본받아 달력을 만들어 시간의 순서를 밝힌다.(澤中有火, 革, 君子以治歷明時.)"

50. ䷱ 정괘鼎卦

화풍정火風鼎이라고 읽는다. 가마솥을 의미한다. 낡은 질서를 뒤집고 새로운 질서를 만드는 것을 나타내고, 혁신을 상징한다.

"나무 위에 불이 있는 모습이 정괘이다. 군자는 이를 본받아 그의 지위를 올바르게 하여 명령을 엄격하게 한다.(木上有火, 鼎, 君子以正位凝命.)"

51. ䷲ 진괘震卦

뇌위진雷爲震이라고 읽는다. 우레를 의미한다. 우레에는 떨쳐 일어나고 놀라고 두려워하는 뜻이 있어, 자극하여 일깨움을 상징한다.

"거듭해서 우레가 치는 모습이 진괘이다. 군자는 이를 본받아 놀라고 두려워하여 수양하고 반성한다.(洊雷, 震, 君子以恐懼修省.)"

52. ䷳ 간괘艮卦

간위산艮爲山이라고 읽는다. 산을 상징하여 안정과 멈춤을 의미한다. 함부로 움직이지 않고 그치는 것을 나타내고, 스스로 조절하여 안정을 이루고 적절한 때에 멈춤을 상징한다.

"산이 겹쳐져 있는 모습이 간괘이다. 군자는 이를 본받아 자신이 처한 지위와 상황을 벗어나 사고하지 않는다.(兼山, 艮, 君子以思不出其位.)"

53. ䷴ 점괘漸卦

풍산점風山漸이라고 읽는다. 점차적으로 나아감을 의미한다. 절차와 단계를 밟아 순차적으로 발전하는 모습을 나타내고, 점차적인 진보와 나아감을 상징한다.

"산 위에 나무가 있는 모습이 점괘이다. 군자는 이를 본받아 지혜로운 덕에 거하여 풍속을 아름답게 한다.(山上有木, 漸, 君子以居賢德善俗.)"

54. ䷵ 귀매괘歸妹卦

뇌택귀매雷澤歸妹라고 읽는다. 돌아간다는 뜻이지만 시집간다는 의미도 있다. 시집간다는 건 정치권에 들어가는 것을 의미한다. 젊은 여자는 절차와 단계를 밟지 않고 경거망동하게 시집가려는 사람을 나타내고, 시집가려는 젊은 여자를 상징한다.

"연못 위에 우레가 있는 모습이 귀매괘이다. 군자는 이를 본받아 결국에 가서 남는 것은 폐단과 결함이라는 점을 안다.(澤上有雷, 歸妹, 君子以永終知敝.)"

55. ䷶ 풍괘豐卦

뇌화풍雷火豐이라고 읽는다. 풍요를 의미한다. 해가 중천에서 절정에 다다른 것을 나타내고, 관대함과 풍요를 상징한다.

"우레와 번개가 함께 치는 모습이 풍괘이다. 군자는 이를 본받아 소송을 판결하고 형벌을 집행한다.(雷電皆至, 豐, 君子以折獄致刑.)"

56. ䷷ 여괘旅卦

화산여火山旅라고 읽는다. 떠돌아다님을 의미한다. 안정을 잃고 떠돌아다니거나 새로운 경험을 하게 되는 것을 나타내고, 방랑 혹은 나그네를 상징한다.

"산 위에 불이 있는 모습이 여괘이다. 군자는 이를 본받아 지혜롭고 신중하게 형벌을 사용하여 소송을 오래 끌지 않도록 한다.(山上有火, 旅, 君子以明愼用刑而不留獄.)"

57. ☴ 손괘巽卦

손위풍巽爲風이라고 읽는다. 바람과 공손함을 의미한다. 바람과 같은 순종과 친절함을 나타내고, 부드러운 영향력과 친절한 공손함을 상징한다.

"바람을 따르는 모습이 손괘이다. 군자는 명령을 널리 펼치고 힘써 일을 수행한다.(隨風, 巽, 君子以申命行事.)"

58. ☱ 태괘兌卦

태위택兌爲澤이라고 읽는다. 연못을 의미한다. 기쁨과 즐거움을 상징한다.

"연못이 서로 붙어 있는 모습이 태괘이다. 군자는 이를 본받아 친구들과 토론하고 학습한다.(麗澤, 兌, 君子以朋友講習.)"

59. ☴ 환괘渙卦

풍수환風水渙이라고 읽는다. 바람처럼 흩어짐을 의미한다. 풀어져 흩어지는 것을 나타내고, 분산과 흩어짐을 상징한다.

"바람이 물 위에 부는 모습이 환괘이다. 선왕은 상제께 제사를 드리고 종묘를 세운다.(風行水上, 渙, 先王以享于帝立廟.)"

60. ☵ 절괘節卦

수택절水澤節이라고 읽는다. 연못에 물이 가득 차오르는 상태를 의미한다. 흔히 지조와 절개를 나타낸다. 한도에 따라 제한한다는 점에서 절제와 조절을 상징한다.

"연못 위에 물이 가득한 모습이 절괘이다. 군자는 이를 본받아 기준과 한도를 제정하고 덕행을 평가한다.(澤上有水, 節, 君子以制數度, 議德行.)"

61. ䷼ 중부괘中孚卦

풍택중부風澤中孚라고 읽는다. 내적인 진실을 의미한다. 자기 확신과 타인에 의한 신뢰를 나타내고, 진실과 신뢰를 상징한다.

"연못 위에 바람이 부는 모습이 중부괘이다. 군자는 이를 본받아 송사를 의론하고 사형 집행을 미룬다.(澤上有風, 中孚, 君子以議獄緩死.)"

62. ䷽ 소과괘小過卦

뇌산소과雷山小過라고 읽는다. 작은 것이 지나침을 의미한다. 작은 것이 큰 것보다 우월한 상태를 나타내고, 부드러운 섬세함과 공손을 상징한다.

"산 위에 우레가 있는 모습이 소과괘이다. 군자는 이를 본받아 행동할 때는 지나치게 공손하고, 상을 당했을 때는 지나치게 애도하며, 물건을 쓸 때는 지나치게 검소하다.(山上有雷, 小過, 君子以行過乎恭, 喪過乎哀, 用過乎儉.)"

63. ䷾ 기제괘旣濟卦

수화기제水火旣濟라고 읽는다. 강을 이미 건넜음을 의미한다. 가장 완전한 괘로서 이미 성취했다는 것을 나타내고, 완성과 성취를 상징한다.

"불 위에 물이 있는 모습이 기제괘이다. 군자는 이를 본받아 환란을 생각하여 미리 예방한다.(水在火上, 旣濟, 君子以思患而豫防之.)"

64. ䷿ 미제괘未濟卦

화수미제火水未濟라고 읽는다. 강을 건너지 못했음을 의미한다. 아직 성취하지 못했다는 것을 나타내고, 미완성과 불완전을 상징한다.

"물 위에 불이 있는 모습이 미제괘이다. 군자는 이를 본받아 신중하게 사물들을 분별하고 모든 것을 그 올바른 위치에 놓는다.(火在水上, 未濟, 君子以愼辨物居方.)"

나의 고전 읽기 10
세상과 소통하는 힘 주역

ⓒ 심의용 2007

2007년 9월 10일 초판 1쇄 발행
2017년 11월 10일 초판 5쇄 발행

글쓴이 심의용
기획자문 장철문, 김미정
그림 김미진
컨셉 디자인 안지미

펴낸이 김영진
본부장 나경수
개발실장 박현미
개발팀장 김정미 | 편집 관리 안아름
디자인팀장 박남희 | 디자인 관리 강륜아
사업실장 백주현
아동마케팅 정원식, 최병화, 이찬욱, 전현주, 이강원, 정재욱
콘텐츠사업 민현기, 김재호, 강소영, 정슬기
출판지원 이주연, 이형배, 양동욱, 정재성, 강보라, 손성아
펴낸곳 (주)미래엔
등록 1950년 11월 1일 제16-67호
주소 서울시 서초구 신반포로 321
전화 미래엔 고객센터 1800-8890, 팩스 541-8249
홈페이지 www.mirae-n.com

ISBN 978-89-378-4394-5 43150
     978-89-378-4141-5 set